BRAUNE/EBBINGHAUS

ABRISS DER ALTHOCHDEUTSCHEN GRAMMATIK

SAMMLUNG KURZER GRAMMATIKEN GERMANISCHER DIALEKTE

BEGRÜNDET VON WILHELM BRAUNE

HERAUSGEGEBEN VON
SIEGFRIED GROSSE UND KLAUS MATZEL

C. ABRISSE NR. 1

WILHELM BRAUNE

ABRISS DER
ALTHOCHDEUTSCHEN GRAMMATIK

MAX NIEMEYER VERLAG TÜBINGEN
1989

ABRISS DER ALTHOCHDEUTSCHEN GRAMMATIK

MIT BERÜCKSICHTIGUNG DES ALTSÄCHSISCHEN

VON

WILHELM BRAUNE

FÜNFZEHNTE, VERBESSERTE AUFLAGE
BEARBEITET VON ERNST A. EBBINGHAUS

MAX NIEMEYER VERLAG TÜBINGEN
1989

1. Auflage 1891
2. Auflage 1895
3. Auflage 1900
4. Auflage 1906
4. Auflage 1910, 2. Druck
5. Auflage 1913
5. Auflage 1919, 2. Druck
6. Auflage 1930 ⎫
7. Auflage 1943 ⎪
8. Auflage 1950 ⎬ bearbeitet von Karl Helm
9. Auflage 1953 ⎪
10. Auflage 1956 ⎭
11. Auflage 1959 bearb. von Helm u. Ebbinghaus
12. Auflage 1964 ⎫
13. Auflage 1970 ⎬ bearbeitet von E. A. Ebbinghaus
14. Auflage 1977 ⎭

CIP-Titelaufnahme der Deutschen Bibliothek

Braune, Wilhelm:
Abriß der althochdeutschen Grammatik : mit Berücksichtigung des Altsächsischen / von Wilhelm Braune. Bearb. von Ernst A. Ebbinghaus. – 15., verb. Aufl. – Tübingen : Niemeyer, 1989
(Sammlung kurzer Grammatiken germanischer Dialekte : C, Abrisse ; Nr. 1)
NE: Ebbinghaus, Ernst A. [Bearb.]; Sammlung kurzer Grammatiken germanischer Dialekte / C

ISBN 3-484-10643-3

© Max Niemeyer Verlag Tübingen 1989
Das Werk einschließlich aller seiner Teile ist urheberrechtlich geschützt. Jede Verwertung außerhalb der engen Grenzen des Urheberrechtsgesetzes ist ohne Zustimmung des Verlages unzulässig und strafbar. Das gilt insbesondere für Vervielfältigungen, Übersetzungen, Mikroverfilmungen und die Einspeicherung und Verarbeitung in elektronischen Systemen.
Printed in Germany.
Gesamtherstellung:
Allgäuer Zeitungsverlag GmbH, Kempten

INHALT

Vorwort VII
Abkürzungen VIII
Einleitung 1

Lautlehre

I. Vokale 5
II. Konsonanten 14

Formenlehre

I. Deklination 26
    Kap. I. Deklination der Substantiva 26
    Kap. II. Deklination der Adjektiva 37
    Kap. III. Die Zahlwörter 41
    Kap. IV. Deklination der Pronomina 43

II. Konjugation 46
    Kap. I. Formenbestand, Einteilung und Flexion der Verba 46
    Kap. II. Die Bildung der Tempusstämme der starken und schwachen Verba 51
    Kap. III. Reste besonderer Verbalbildungen 60

VORWORT

Wilhelm Braunes Abriß der ahd. Grammatik ist von Anfang an eine historische Grammatik gewesen, und ist dies bis heute geblieben. Das Büchlein soll zwei verschiedenen Zwecken dienen. Einmal soll es eine möglichst kurz gefaßte Grundlage für Vorlesungen über historische altdeutsche (nicht nur althochdeutsche) Grammatik sein. Deshalb sind den ahd. Paradigmen die got., as. und mhd. beigegeben, deshalb ist das As. in der Darstellung weitgehend berücksichtigt und auf die Weiterentwicklung des Ahd. zum Mhd. laufend hingewiesen. Zum anderen soll hier dem Anfänger auf historischer Grundlage der notwendigste grammatische Stoff für die erste Lektüre ahd. (as. und mhd.) Texte dargeboten werden. Der Weg zum weiteren Studium des Ahd. wird stets durch die in Klammern beigegebenen Paragraphenzahlen in Braunes großer ahd. Grammatik gewiesen.

Die Anlage des Büchleins, die sich offenbar in über 90 Jahren in der Praxis bewährt hat, ist im wesentlichen unverändert geblieben. Der Inhalt hingegen ist von Auflage zu Auflage zunächst von Braune, später von Helm und mir gründlich durchgearbeitet worden. In der 6. Auflage brachte Helm einige erweiternde Änderungen an, die sprachgeschichtliche Vorgänge und Zusammenhänge stärker in den Vordergrund rückten. Seitdem haben wir uns bemüht, durch Berichtigungen, Besserungen und kleine Ergänzungen diesen Abriß jeweils auf dem Stande der Forschung zu halten, jedoch seinen auf äußerste Kürze ausgerichteten Charakter zu wahren. Auch die vorliegende 15. Auflage ist unter diesem Gesichtspunkt bearbeitet worden.

Für die freundliche Zusammenarbeit danke ich dem Herausgeber der Sammlung, Klaus Matzel, und dem Verleger, Robert Harsch-Niemeyer.

Bellefonte, Pa. E. A. Ebbinghaus
November 1988

ABKÜRZUNGEN

(Außer den allgemein üblichen Abkürzungen grammatischer Ausdrücke)

A. (nach Paragraphzahlen) = Anmerkung
ae. = altenglisch
ahd. = althochdeutsch
alem. = alemannisch
an. = altnordisch
anfrk. = altniederfränkisch
as. = altsächsisch
B = Benediktinerregel (Lb. 7)
bair. = bairisch
Exh. = Exhortatio (Lb. 10)
fränk. = fränkisch
Freis. Pn. = Freisinger Paternoster (Lb. 12)
Gen. = altsächsische Genesis
germ. = germanisch
got. = gotisch
H. = Hymnen (Lb. 11)
Hel. = Heliand; Hel.-MCPV = die Hss. des Heliand in München, London, Prag und im Vatikan
Hild. = Hildebrandslied (Lb. 28)
Hs. = Handschrift
Hss. = Handschriften
Jb = Zweites Glossar des Junius (s. Steinmeyer-Sievers, Ahd. Glossen I, 271ff.)
idg. = indogermanisch
Is. = Isidor (Lb. 8)
K = sog. Keronisches Glossar (Lb. $1,_1$)

Lb. = Braune, Ahd. Lesebuch, 10te u. spätere Auflagen (die Zahlen geben die Stücke an)
Ludw. = Ludwigslied (Lb. 36)
md., mitteld. = mitteldeutsch
mfr., mfränk. = mittelfränkisch
mhd. = mittelhochdeutsch
mnd. = mittelniederdeutsch
Ms. = Monseer Fragmente (Lb. 9)
Musp. = Muspilli (Lb. 30)
N = Notker (Lb. 23)
Nps. = Notkers Psalmen (Lb. 23_{13})
O = Otfrid (Lb. 32)
obd., oberd. = oberdeutsch
ostfränk. = ostfränkisch
Pa = Pariser Glossar (Lb. $1,_1$)
R = sog. Hrabanisches Glossar (Lb. $1,_1$)
Ra = Erstes Reichenauer Glossar (Lb. $1,_1$)
Rb = Zweites Reichenauer Glossar (Lb. $1,_6$)
rhfr., rheinfr. = rheinfränkisch
T = Tatian (Lb. 20)
vlat. = vulgärlateinisch
Voc. = Vocabularius St. Galli (Lb. $1,_2$)
Wess. = Wessobrunner Gebet (Lb. 29)
westg. = westgermanisch
Will. = Williram (Lb. 24)

Akzente

Wo die Vokallänge vom Herausgeber bezeichnet ist, steht dafür der waagrechte Strich: ā, ē, ī, ō, ū. Andere Akzente (′ ˆ) gehören der Handschrift an (s. § 1, A. 3). Nur in den gotischen Beispielen ist die historische Unterscheidung ái / ai, áu / au durch vom Herausgeber gesetzten Akut durchgeführt, wo dies notwendig schien.

EINLEITUNG

A. Als Althochdeutsch bezeichnet man die älteste Epoche der hochdeutschen Sprache. Es gehört zum Germanischen (Germ.), welches einen Zweig der indogermanischen (idg.) Sprachfamilie bildet. Durch Vergleichung der einzelnen germ. Sprachen läßt sich eine diesen voraufgehende Sprachform erschließen, die wir Urgermanisch nennen. Das Urgermanische setzt sich durch verschiedene sprachliche Erscheinungen von dem ebenfalls erschlossenen Idg. und den übrigen idg. Sprachen ab, z. B. durch die germ. (oft ungenau: erste) Lautverschiebung (s. § 18).

Die Ausbildung der germ. Einzelsprachen erklärt sich zum größten Teil durch die Ausbreitung und Wanderbewegungen der germ. Stämme. Wechselnde Isolierung und gegenseitige Berührung müssen bald stärker trennend, bald mehr angleichend gewirkt haben.

B. Die Einteilung der germ. Einzelsprachen in verschiedene Gruppen ist bis heute stark umstritten; die bisherigen Vorschläge schwanken zwischen der Annahme von zwei bis fünf mehr oder weniger selbständiger Gruppen oder Sprachzweige. Wir legen hier die vielfach angenommene Einteilung in drei germ. Sprachzweige zu Grunde.

1. Das Ostgermanische. Es wird durch die älteste (4. Jh.) zusammenhängende Überlieferung einer germ. Sprache in der westgotischen Bibelübersetzung repräsentiert, wozu sich weiteres verstreutes Namenmaterial aus anderen ostgerm. Sprachen gesellt. Die Annahme einer zeitlich vorausgehenden einheitlichen ostgerm. Grundsprache läßt sich nicht erweisen.

2. Das Nordgermanische (nordisch, skandinavisch). Das Nordische wird mit den frühesten skandinavischen Runeninschriften (Urnordisch, etwa vom 2. Jh. an) greifbar. Seit dem 9. Jh. scheidet es sich in das Ostnordische (schwedisch und dänisch) und das Westnordische (norwegisch und isländisch).

3. Das Westgermanische. Hierzu gehören im äußersten Nordwesten das Englische (altenglisch) und das Friesische (altfriesisch).

Anm. 1. Die Überlieferung des Altenglischen beginnt im 8. Jh., die des Altfriesischen erst im 13. Jh. (im wesentlichen mit Rechtsdenkmälern). Auf Grund verschiedener sprachlicher Gemeinsamkeiten beider Sprachen wurde früher oft eine voraufgehende anglo-friesische Grundsprache angenommen, was jedoch nicht haltbar ist.

Weiter südlich liegen das Niederdeutsche (sächsisch), das Niederfränkische und die hochdeutschen Mundarten. Die früher vertretene Annahme einer einheitlichen westgermanischen Grundsprache (dem Nordischen vergleichbar) läßt sich nicht aufrecht erhalten, obschon wesentliche Gemeinsamkeiten zwischen den einzelnen Mundarten bestehen. Auf Grund von Dialektstudien und unter stärkerer Berücksichtigung der frühen Bewegungen der germ. Stämme sieht man heute drei Gruppen einander verhältnismäßig nahestehender Stammessprachen als Grundlage des Altsächsischen, Altniederfränkischen und Althochdeutschen. Im Nordwesten liegt die ingwäonische (norseegermanische) Gruppe, südlich davon die Gruppe der Weser-Rhein Germanen (Franken) und die Elbgermanen (Alemannen, Baiern). Der Ausdruck Westgermanisch wird jedoch aus praktischen Gründen beibehalten.

C. Das ahd. Sprachgebiet erstreckt sich vom Süden des deutschen Sprachraumes soweit nach Norden wie die Erscheinungen der hochdeutschen Lautverschiebung, besonders die Verschiebung der harten Verschlußlaute (§§ 18—22), sich in ahd. Zeit zeigen. Ob die heute geltende Nordgrenze des Hochdeutschen (die west-östlich verlaufende Benrather Linie) für die ahd. Zeit gelten könne oder ob die Grenze weiter südlich anzusetzen sei, bleibt umstritten. Das nördlich dieser Grenze liegende Niederfränkische und das in diesem Buch mitbehandelte Sächsische gehören also nicht zum Althochdeutschen.

Anm. 2. Die älteste Form des Sächsischen (altsächsisch) liegt außer in einigen kleineren Denkmälern hauptsächlich in der im 9. Jh. entstandenen as. Bibeldichtung (Heliand und as. Genesis) vor (Lb. 44). Das Altniederfränkische ist nur durch einige wenige Bruchstücke einer Interlinearversion der Psalmen bekannt (Lb. 17$_3$).

D. Das althochdeutsche Sprachgebiet scheidet sich in zwei Teile, das Oberdeutsche und das Mitteldeutsche. Zum Oberdeutschen gehören das Alemannische und das Bairische (beide auf elbgermanischer Grundlage erwachsen). Das Bairische wächst in mhd. Zeit durch die Ostkolonisation zum Bairisch-Österreichischen heran.

Anm. 3. Zu den wichtigsten Zeugnissen des ältesten Alemannischen gehören verschiedene Glossenhandschriften, von denen manche jedoch nicht von anderen Dialekteinflüssen frei sind (vgl. B, H. Rb—Rf, Ja—Jc); die Interlinearversion der Benediktinerregel und der Murbacher Hymnen. Die Hauptquelle für das spätere Alemannische (10./11. Jh.) ist Notker († 1022). — Das älteste Bairische wird durch die Kasseler Glossen, die Exhortatio (9. Jh.), das Freisinger Paternoster, die Emmeramer und Monseer Glossen (10. Jh.) und andere Denkmäler repräsentiert. Späteres Bairisch zeigt der Wiener Notker.

E. Vom Mitteldeutschen sind in ahd. Zeit außer den fränkischen Dialekten kaum andere Mundarten zu erfassen (einiges verstreutes Namenmaterial des Thüringischen liegt vor); erst in mhd. Zeit zeigen sich die durch die Ostkolonisation weit nach Osten hin vorgeschobenen ostmitteldeutschen Mundarten.

F. Von den fränkischen Mundarten ist das Mittelfränkische (gegliedert in Ribuarisch : Köln und Moselfränkisch : Trier) nur spärlich bezeugt (Lb. 19).

Anm. 4. Das Niederfränkische gehört nicht zum Ahd., s. oben C.

G. Gut belegt ist das dem Oberdeutschen näherstehende Ostfränkische und das Rheinfränkische.

Anm. 5. Der in früheren Auflagen hier und auch von anderen verwendete, das Ost- und Rheinfränkische zusammenschließende Ausdruck Oberfränkisch, ist nun aufgegeben, da er wesentliche Unterschiede zwischen den beiden Mundarten verschleiert. – Die Hauptquelle für die Spätzeit (11. Jh.) ist Williram. – Rheinfränkisch sind die Straßburger Eide und die Lorscher Beichte (Lb. 21 u. 22, beide 9. Jh.) und die Mainzer Beichte aus dem 10. Jh. (Lb. 22,3). Einige weisen die Isidorübersetzung dem Rheinfränkischen zu, was jedoch umstritten bleibt.

H. Vom Rheinfränkischen deutlich geschieden ist das dem Alemannischen näherstehende Südrheinfränkische, das im Weissenburger Katechismus und in Otfrids *liber euangeliorum* vorliegt. (Lb. 13 und 32.).

I. Zur Zeit ungelöst bleibt die Frage des Westfränkischen (im galloromanischen Westen des Karolingerreiches). Sicher ist, daß es im oder kurz nach dem 9. Jh. ausgestorben ist.

Anm. 6. Einige wollen das Ludwigslied (Lb. 36; 881–882), in dem sich mittel-, rhein-, und auch niederfränkische Spuren zeigen, als westfränkisch ansehen.

K. Chronologisches. Die Entwicklungsgeschichte des Hochdeutschen läßt sich in folgende Perioden einteilen. 1. Die ‚voralthochdeutsche' Periode mit nur spärlichen Sprachresten vom 7. bis zur Mitte des 8. Jh.s. 2. Die althochdeutsche Periode von der zweiten Hälfte des 8. Jh.s. bis etwa 1050. 3. Die mittelhochdeutsche Periode, die mit der zweiten Hälfte des 11. Jh.s einsetzt, über deren Dauer die Ansichten zur Zeit jedoch noch auseinandergehen. Man sollte ihr Ende wohl in der Mitte des 14. Jh.s ansetzen, doch wollen andere die Sprache von ca. 1350 bis ca. 1500 als Spätmittelhochdeutsch noch zur mittelhochdeutschen Periode rechnen. 4. Die neuhochdeutsche Periode, beginnend in der zweiten Hälfte des 14. Jh.s., erstreckt sich bis zur Gegenwart. Die ersten drei Jh.e des Neuhochdeutschen werden als das Frühneuhochdeutsche abgesetzt.

L. Der Begriff Althochdeutsch ist durchaus als ein Sammelbegriff zu verstehen, der die verschiedenen hochdeutschen Mundarten für die Zeit vom 7. Jh. bis etwa 1050 (s. oben K) zusammenfaßt. Es gibt also kein zeitlich und räumlich einheitliches Althochdeutsch. Im Grunde ist alles in Bewegung. Es gibt auch keine über den Mundarten stehende althochdeutsche Schriftsprache. Die Mundarten kennen wir nicht nach ihrer damaligen Ausdehnung, sondern nur in der schriftlichen Fixierung, die sie in einigen Bildungszentren (Schreiborten) gefunden haben. Die wichtigsten dieser Schreiborte sind (mit umliegendem Mundartgebiet, doch s. unten Anm. 8): Freising, Regensburg (bairisch); St. Gallen, Reichenau (alemannisch); Weißenburg (südrheinfränkisch); Würzburg, Bamberg (ostfränkisch); Trier (mittelfränkisch).

Anm. 7. Der gelegentlich gebrauchte Ausdruck 'gemeinalthochdeutsch' bezieht sich also nicht auf eine solche, in Wirklichkeit nicht vorhandene einheitliche althochdeutsche Sprache, sondern will immer nur von einer einzelnen Form feststellen, daß sie im ganzen althochdeutschen Gebiet gilt.

Anm. 8. Zu beachten ist, daß die Sprache der in den einzelnen Schreiborten entstandenen Hss. (Schreibsprache) durchaus nicht die Mundart des umliegenden Gebietes zu reflektieren braucht, was sich aus der oft ortsfremden Herkunft der Schreiber (Mönche) erklärt.

LAUTLEHRE

I. VOKALE

A. Die Vokale der Stammsilben

§ 1 (10–23). Das Ahd. besitzt in den Stammsilben die folgenden Vokale und Diphthonge. Die fettgedruckten sind die, welche in den wichtigsten Denkmälern des 9. Jh.s vorherrschen; ältere, jüngere und mundartliche Abweichungen sind in Klammern beigefügt.

ahd.
a) Kürzen: **i**   e (a)   **ë**   **a**   **o**   **u**
b) Längen: **ī**   **ē** (ae)   **ā**   **ō** (ao)   **ū**
c) Diphthonge: **ei** (ai)   **ou** (au)   **iu**   **io** (eo; ie)   **ia** (ē, ea; **ie**)
uo (ō, ao; ua).

Der Vokalismus des As. im 9. Jh. weicht in den Längen und Diphthongen vom Ahd. ab, indem as. $\bar{e}^1$ und $\bar{o}^1$ = ahd. $\bar{e}$ oder ei, $\bar{o}$ oder ou ist, as. $\bar{e}^2$ und $\bar{o}^2$ aber mit den daneben (Hel. CVP und anfrk.) herrschenden Nebenformen ie und uo dem ahd. ie und uo entspricht:

as.
b) Längen: **ī** $\bar{e}^1$ $\bar{e}^2$ (ie)   **ā** $\bar{o}^1$ $\bar{o}^2$ (uo)   **ū**
c) Diphthonge: **iu**   **io** (eo; ia, ie)   [uo (= $\bar{o}^2$)   ie (= $\bar{e}^2$)].

Anm. 1. Fast nur in Fremdwörtern erscheint ahd. das Zeichen *y*, in deutschen Wörtern öfter bei O im Praef. *yr-* = *ir-* und vereinzelt im Diphthong *ya, ye* für *ua, ue;* vgl. O, as. bei Liutbertum (Lb.[14] 32₂, S. 95, Z. 52f.).

Anm. 2. Sporadisch wird in älterer Zeit das Zeichen *ę* für das (offene) *ë*, selten für das (geschlossene) Umlaut-*e* (§§ 3 u. 4 A. 2) angewendet.

Anm. 3. Die Länge der Vokale wird in den Hss. meist gar nicht bezeichnet, doch treten zahlreiche Ansätze dazu auf. Im 8. und 9. Jh. oft Doppelschreibung, z. B. in B (*ketaan, deonoon* usw.). In anderen alten Hss. wird Akut (*ille* Exh.) oder Zirkumflex *(gidâht)* gesetzt, aber nur hie und da. (Für *wistōm* hat Wess. *wistóm*.) Konsequente Unterscheidung von Kürze und Länge erst bei N (ähnl. Will.), wo jeder kurze Stammvokal den Akut hat *(némen)*, und lange Stammvokale vor silbenanlautendem *h* durch den Akut *(hóhi)*, sonst durch den Zirkumflex bezeichnet sind *(nâmen)*. Auch die Diphthonge sind bei N sorgfältig akzentuiert *(éi, óu, iu; ûo, íe)*.

Geschichtliche Entwicklung der ahd. und as. Stammsilbenvokale

§ 2 (24). Die urgermanischen (soweit nichts Gegenteiliges bemerkt = idg.) Vokale waren:
a) Kürzen: *a* (aus idg. *a, o* und *ə*), *ë, i, u* (z. T. erst germ., s. § 4).
b) Längen: *ǣ* (=germ. $\bar{e}^1$), *ē* (= germ. $\bar{e}^2$), *ī* (aus idg. *ī* und *ei*), *ō* (aus

§ 3. 4. Kurze Vokale: Germ. *a; ë, i*

idg. *ā* und *ō*), *ū;* dazu ein erst germanisch entstandenes neues *ā* (s. § 6).
c) Diphthonge: *ai* (aus idg. *ai* und *oi*), *au* (aus idg. *au* und *ou*), *eu*.

a) Kurze Vokale

§ 3 (25–27. 51). Germ. *a* (got. *a*) ist ahd. (mhd.) und as. *a* geblieben, soweit es nicht durch *i, ī, j* der folgenden unbetonten Silbe zu *e* umgelautet wird: *gast* – Pl. *gesti* (mhd. *geste*); *faru – ferit; hella*, as. *hellia* Hölle (got. *halja*); *kraft* – Adj. *kreftīg* (as. *kraftag*); *kennen*, as. *kennian* (got. *kannjan*) – Praet. *kanta* (as. *kenda*).

Anm. 1. Der Umlaut ist während des 8. Jh.s eingetreten, die ältesten Quellen haben noch viele Formen ohne Umlaut, vgl. Pa, K, Voc. (Lb. 1,₁.₂); im Anfang des 9. Jh.s verschwinden die unumgelauteten Formen.

Anm. 2. Den Umlaut hindern im Ahd. zwischenstehende Konsonantgruppen: a) überall *ht, hs: maht*, Pl. *mahti*, Adj. *mahtīg; wahsit;* ferner Konsonant + *w;* schw. Verba I *gar(a)wen, garwita;* b) nur oberd. *l* + Kons., *ch* (germ. *k*) und meist *r* + Kons., sowie germ. *h: balg*, Pl. fränk. *belgi*, obd. *palgi;* zu *sachan* (streiten) 3. Sg. fränk. *sechit*, obd. *sachit;* obd. *warmen* und *wermen* (wärmen), obd. *ahir* (selten *ehir*) Ähre.

Anm. 3. Ein *i* der dritten Silbe wirkt in manchen Wörtern Umlaut, nach Assimilation des Vokals der 2. Silbe, z. B. *nagal*, Pl. *negili* Nagel, *edili* edel; in vielen Wörtern bleibt dagegen ahd. *a*, z. B. *magad*, Pl. *magadi, fravili* frech. – Sehr selten, häufiger nur in O, bewirken die *i*-haltigen Pronomina *ih, iz, imo, inan* in enklitischer Stellung Umlaut im vorangehenden (starktonigen) Wort: *megih* (< *mag ih*, Lb. 38,₅. ₁₀; O), *nemiz*, (< *nam iz), gebimo* u. ä. In der 1. Sg. Praes. Ind. der st. Verba u. der schw. Verba I aber bewirkt enklitisches *ih* auch nach Elision des *-u* keinen Umlaut: *haldih* (< *haldu ih*), s. § 76, 1a, u. § 74, A. 1.

Anm. 4. Seit dem 12. Jh. (mhd.) dringt der Umlaut meist auch da durch, wo er (nach A. 2. 3) ahd. fehlt, sog. 'Sekundärumlaut': dieser Umlaut wird häufig *ä* geschrieben, also mhd. *mähtec, mehtic*, obd. *bälge, belge; mägede, megede; frävele, frevele; äher, eher* usw. § 4, A. 2.

Anm. 5. Im As. ist der Umlaut im allgemeinen durchgeführt, doch kommen besonders in Hel.M viele unumgelautete Formen vor, die z. T. auf Ausgleichung beruhen *(farid* und *ferid, gastiun* und *gestiun)*. Den Umlaut hindern *h*-Verbindungen *(mahtig, mahlian)*, in M auch *r*-Verbindungen (z. B. *āuuardian, āuuardit* M = *āuuerdian, āuuerdit* CV), doch steht auch in M vor *rw* meist Umlaut *(ger[e]uuian)*. Umlauts-*e* ist bisweilen zu *i* geworden *(giriuuan, gifrimid, -scipi C)*.

Anm. 6. Beim Ausfall der Nasale nach § 34, A. 3 ist im As. *an* zu *ō* geworden in *ōdar* (got. *anþar), sōd* (wahr). Doch steht neben *ō* auch *ā (ādar, mādmundi)* und *uo* in *suod* (CV).

§ 4 (28–31. 52). Germ. *e (ë)* und *i* (got. zusammengefallen in *i*, bez. *ai*) sind im As. und Ahd. (Mhd.) beide vorhanden; nur ist *ë* in gewissen Fällen zu *i* übergegangen und mit germ. *i* zusammengefallen. Dieser Übergang des *ë* zu *i* ist in allen germ. Sprachen außer dem Gotischen erkennbar vor unmittelbar folgendem Nasal + Konsonant und vor einem *i, j* der folgenden Silbe; im Ahd. und As. auch meist vor *u* der folgenden Silbe. Vor *a, e, o* der folgenden Silbe bleibt dagegen *ë* (außer vor Nasalverbindungen). Es ergibt sich also in vielen Wortsippen ein Wechsel zwischen ë und i; z. B. nimu, nimis, nimit; aber nëman, Konj. nëme; gëban, dazu gëba Gabe, gëbo Geber, aber gibu, gibis; bërg – gibirgi; rëht – rihten (as. rihtian); ërda – irdīn; st. Verba III wie bintan, rinnan gegen hëlfan (§ 80). Vor u: filu viel, situ (as. sidu) Sitte, aber auch ëbur (as. ëvur) Eber, fëhu und fihu (§ 48) und ahd. wirt, widar Widder gegen as. wërd, wëdar usw.

Anm. 1. Urgerm. (= idg.) i bleibt meist erhalten vor a, e, o der folgenden Silbe: wizzan wissen; Part. Praet. der I. Ablautsreihe: gigriffan (§ 78). Eine Anzahl von alten i sind aber doch ahd. zu ë geworden, z. B. lëbēn leben, quëc vivus (as. quic), stëg, stëga (zu stīgan) u. a. Im As. sind diese ë viel seltener, z. B. ahd. as. wër Mann, wëhsal; lëccon C, liccon M; lëbot C, libod M; ahd. wëhha, as. wika Woche.

Anm. 2. Germ. ë war im Ahd. offenes e, das Umlauts-e geschlossen; noch mhd. halten gute Dichter beide e im Reime auseinander. Dagegen war der sog. 'Sekundärumlaut' (§ 3, A. 4) ein offener e-Laut, besonders oberd. noch offener als germ. ë und von diesem geschieden.

Anm. 3. Im As. steht vom Ahd. abweichend auch vor einfachem m meist i statt ë (niman, selten nëman), ferner steht in C nicht selten i unter Einfluß eines g (giban, gilp).

§ 5 (32. 52). Germ. u spaltet sich wie in allen übrigen germ. Sprachen (got. u, aú) auch im Ahd. und As. in u und o. Das u bleibt erhalten vor Nasalverbindung sowie vor i, j, u in folgender Silbe. Vor a, e, o in folgender Silbe (außer bei zwischenstehender Nasalverbindung) wird u > o. In vielen Wortsippen wechselt demnach o und u. Beispiele: st. Verba II (§ 79) Pl. Praet. butun, Part. gibotan, dazu boto Bote; kurum, gikoran, dazu korōn versuchen, kuri Wahl; fol, aber fullen (got. fulljan); wolla Wolle – wullīn; got – gutin Göttin; Part. Praet. st. Verba III (§ 80) gibuntan, girunnan, aber giholfan.

Anm. 1. Abweichend vom Ahd. bleibt im As. u (= ahd. o) auch vor einfachen Nasalen; gumo (ahd. gomo) Mann, ginuman (ahd. ginoman), thuner (ahd. donar); ferner in einigen Wörtern neben labialen Konsonanten: full voll, fugal Vogel, wulf, wulla; anfrk. wulca neben as. wolcan Wolke; anfrk. buc Bock.

Anm. 2. Mhd. wird u zu ü umgelautet, wo früher i, j folgte, z. B. wüllen (ahd. wullīn), füllen (ahd. fullin); geburt, G. gebürte (ahd. giburti); Konj. Praet. st. Verba II büte (ahd. buti § 79), st. Verba III hülfe (ahd. hulfi § 80). In der Schrift setzt sich dieser Umlaut nur langsam durch; er zeigt sich sporadisch im Spätahd. und ist auch im Mhd. noch oft nicht sichtbar.

Anm. 3. Im Mhd. erscheint öfters Umlaut von o zu ö; z. B. Konj. möhte (ahd. mohti), loch, Pl. löcher (ahd. lochir; s. § 39, A. 2). Zugrunde liegen dabei Analogiebildungen, da vor i, j ursprünglich nur u, nicht o stehen konnte.

b) Lange Vokale

§ 6 (33). Germ. ā (got. ā) bleibt ahd. as. ā. Es steht nur vor h, wo es aus an bei Verklingen des n (s. § 34, A. 2) entstanden ist: got. ahd. as. fāhan (§ 85, A. 1), brāhta (§ 89, A. 3), āhten (as. āhtian) verfolgen.

Im Ahd. und As. fällt dieses $ā$ mit dem aus germ. $ǣ$ entstandenen $ā$ (s. § 6a) völlig zusammen.

§ 6a (34). Germ. $ǣ$, auch germ. $ē^1$ genannt, (got. $ē$, ae. $ǣ$) ist ahd. und as. schon vor unseren Denkmälern zu $ā$ geworden, z. B. got. *slēpan*, as. *slāpan*, ahd. *slāfan; māri* berühmt; Pl. Praet. st. Verba IV. V. *nāmun, gābun*, Konj. *nāmi, gābi*.

Anm. 1. Im As. kommen noch einzelne Fälle des alten œ vor, z. B. *wēpan-bērand, gēbun, bērun* Hel., häufiger in Eigennamen in Urkunden, wie *Rēdmēr* u. a. Eine Reihe anderer $ē$ statt $ā$ im Hel. sind wahrscheinlich als Umlaute zu fassen, z. B. *giwēdi* neben *giwādi, bēdi, bicnēgan, ēhtin* (Konj. Praet. zu *āhtian*): die Formen ohne Umlaut sind jedoch weitaus herrschend. Im Hel.-M stets *gēr* (= *iār* C) durch Einfluß des Palatals.

Anm. 2. Im Mhd. wird $ā$ umgelautet zu langem œ (auch e geschrieben), wo früher *i, j* folgte, so *mœre; nāmen, gāben*, aber Konj. *nœme, gœbe;* Konj. *brœhte; œhten*. Dieser Umlaut zeigt sich spätahd. zuerst in fränkischen Denkmälern des ausgehenden 10. Jh.s.

§ 7 (35. 36). Das germ. $ē$, auch als germ. $ē^2$ bezeichnet, kommt im Got. nur in vier Wörtern vor und ist mit dem andern got. $ē$ (= germ. $ǣ$) jedenfalls graphisch zusammengefallen; im As. ist es meist $ē$ (= as. $ē^2$, s. § 1), aber in C (VP) und im Anfrk. steht dafür *ie*. Im Ahd. war es im 8. Jh. noch $ē$, daneben tritt bald *ea* auf, das sich im 9. Jh. zu *ia, ie* wandelt; dieses *ie* wird in der 2. Hälfte des 9. Jh.s herrschend und bleibt bis ins Mhd. Vom 10./11. Jh. ab fällt es mit dem aus *io* entstehenden *ie* (§ 13) zusammen.

Die nicht sehr zahlreichen Fälle der germ. $ē$ > ahd. *ea, ia, ie* - z. B. got. as. an. *hēr* hier > ahd. *hear, hiar, hier;* got. ahd. *fēra* Seite, ahd. *feara, fiara;* ahd. *zēri, zeari, ziari, zieri* schön, Zier - sind im Ahd. (As.) vermehrt durch die neuentstandenen $ē$ > *ia* im Praet. der red. Verba I (§ 85), z. B. *lēz* (as. *lēt, liet*), *leaz, liaz, liez*), sowie durch eine Anzahl $ē$ in Fremdwörtern mit vlat. $ē$, z. B. *ziagal, ziegel* (tēgula), *briaf, brief* (brēve), *spiegel, priester* usw.

Anm. 1. As. sind neben *hē* (er), *thē* (der), *hwē* (wer) in C *hie, thie, hwie* die gewöhnlichen Formen, *thie* neben *ther* auch ahd. in T. - Neben *hēr, hier* (hier) steht in Hel.-M häufig *hir*.

§ 8 (37). Germ. $ī$ (got. $ī$, geschrieb. *ei*) bleibt ahd. und as. $ī$; z. B. Praes. st. Verba I (§ 78) *grīfan, zīhan; mīn* (got. *meins*) usw.

§ 9 (38–40). Germ. got. $ō$ ist im As. $ō$ (= as. $ō^2$, s. § 1). Das Anfrk. hat dafür *uo*, das auch in manchen as. Quellen, besonders Hel.-CPV die Regel bildet, während in Hel.-M $ō$ herrscht. - Im Ahd. des 8. Jh.s galt zunächst noch $ō$, doch wurde es im 8./9. Jh. diphthongiert zu *uo*, das seit Ende des 9. Jh.s auf dem ganzen Gebiete herrscht. Im 8. und 9. Jh. erscheinen als sehr verbreitete Nebenformen *oa* und *ua*. Beispiele: *bruoder*, as. *brōder, bruoder* (got. *brōþar*); *fuoz*, as. *fōt* (got. *fōtus*); Praet. st. Verba VI (§ 83) *fuor*, as. *fōr*.

Die Entwicklung des Diphthongs *uo* aus $ō$ zeigt in den drei ahd. Hauptdialekten folgende Unterschiede:

a) im **Alemann.** beginnt die Diphthongierung nach 760 (Voc. noch ō, Lb. 1, ₂): im 8. Jh. tritt zunächst *oa* auf, im 9. Jh. herrscht die Form *ua* durchaus vor (*fuaz, bruader* B, H), gegen Ende des 9.Jh.s nimmt *uo* überhand und verdrängt schließlich das *ua*.

b) im **Bairischen** hält sich ō am längsten und ist im 9. Jh. noch ganz gewöhnlich (*coot, wistóm* Wess.). Daneben wird im 9. Jh. *uo* zunehmend häufiger und verdrängt endlich das ō ganz.

c) im **Fränkischen** zeigt sich Diphthongierung zu *uo* seit der Mitte des 8. Jh.s (zuerst rhfränk.) in stark zunehmendem Maße; ō hält sich vereinzelt bis gegen 800 (schon Is. 80 *uo* gegen 6 *o* und 5 *ou*). So ist im ganzen 9. Jh. *uo* herrschend im Fränkischen, mit Ausnahme des Südrheinfränkischen (bes. Weißenburg), wo wie im Alemann. die Form *ua* besteht. Bei O ist *ua* die regelrechte Vertretung: *bruader, fuar* (nur durch Assimilation bisweilen *uo, ue: bluomono, bluetes*).

Anm. 1. Unmittelbar vor einem *a, e, i* der Endung stehend wird seit dem 9. Jh. *uo* meist zu ū. Dies betrifft hauptsächlich die Verba pura auf *uo* (s. § 88, A. 3): *blūen* statt und neben *bluoen*.

Anm. 2. In fränk.-mitteld. Mundarten tritt seit dem 11. Jh. vielfach Kontraktion aller *uo* zu ū ein *(brūder)*. In oberd. Quellen finden sich davon nur vereinzelte Fälle (nicht ganz selten bei N). – Ganz vereinzelt erscheint *ou* für *uo* besonders spätbair. – O hat gelegentlich *ya*: *gimyato* (I,11,51, Hs. P).

Anm. 3. Im Mhd. wird *uo* zu *üe* umgelautet, wo ahd. *i (j)* folgte, z. B. *fuoz*, Pl. *füeze* (ahd. *fuozi*); *fuor*; Konj. *füere (fuori)*. Im Ahd. sind seit dem 10./11. Jh. Spuren dieses Umlauts bemerkbar, indem öfter *ue* oder *ui* dafür geschrieben wird.

§ 10 (41. 42). Germ. got. ū bleibt ahd. und as. unverändert: z. B. ahd. *brūt*, G. D. *brūti, tūba, (h)lūt* Laut, *dūhta* (§ 89, A. 3). Seit dem 10./11.Jh. wurde im Ahd. dieses ū vor *i, j* zu einem langen *ü*-Laute umgelautet, für welchen schon bei N regelmäßig die Schreibung *iu* erscheint, z. B. *briute, liuten* tönen, läuten (älter *hlūten*, as. *hlūdian*), mhd. Konj. *diuhte* (ahd. *dūhti*).

Anm. 1. In den übrigen spätahd. Schriften (außer N) wird dieser Umlaut meist nur ausnahmsweise bezeichnet; neben *iu* erscheint oft auch *ui* (*ûi* Will.), oder es wird einfach *u* geschrieben. Im Mhd. ist *iu* die normale Schreibung.

c) Diphthonge

§ 11 (43. 44. 53). Germ. *ai* (got. *ái*) ist im As. zu ē kontrahiert: *stēn, grēp* (= as. ē¹, s. § 1). Im Ahd. tritt, außer in den A. 3 genannten Einzelfällen (vor *d* und *n*) Kontraktion zu ē nur ein vor *r, w* und germ. *h*, z. B. Praet. *zēh* (§ 78), *lēren* (got. *laisjan* § 93, A. 1), Kompar. *mēro* (got. *maiza*), *sēo*, G. *sēwes* (§ 30). Im übrigen ist der Diphthong als solcher im Ahd. geblieben. Nur ist *ai* schon Ende des 8. Jh.s überall in *ei* übergegangen, das auch Mhd. die normale Gestalt des Diphthongs bleibt; z. B. Praet. *greif* (§ 78); *stein, teil, leiten* usw. (doch s. A. 6).

Anm. 1. Vor dem erst im Ahd. entstandenen *hh, h* (s. § 22) bleibt der Diphthong: *zeihhan* Zeichen, *weih* weich.

§ 11. 12. Diphthonge: Germ. *ai; au*

Anm. 2. Die älteste Schreibform des Kontraktionsvokals im 8. Jh. ist *ae*, so z. B. in Pa *(laeris, snaewac)*; im Anfang des 9. Jh.s nur noch vereinzelt *ae* (auch *ę*), z. B. in Is. Ms. Die herrschende Schreibung ist dann *e (ee, ê)*. Auch im As. des 9. Jh.s begegnen noch einige *œ* für *ē*, z. B. *hœlago* Hel.-C.

Anm. 3. Außer in der Stellung vor *r, w, h* (s. o.) steht *ē* statt *ai* in *zwēne* 2, *wēnag* elend (got. *wainags*) und (neben *beide*) in *bēde;* – sodann im Auslaut in *sē* ecce (got. *sai*), *wē* wehe! (got. *wai*); dagegen *ei* ovum, *zwei* 2, Praet. *screi* (§ 78), Pron. *dei* (Ntr. Pl. § 72, A. 1). – Endlich herrscht Kontraktion in Nebensilben: Dat. Pl. Adj. *blintēm* (got. *blindaim*), Praet. *habēta* (got. *habaida*) usw.

Anm. 4. In *ēo* immer (got. *aiw*), *(h)wēo* wie (got. *hvaiwa*) nebst Kompos. ist *ēo* zu *eo, io* gekürzt und mit dem Diphthong *eo, io* (§ 13) zusammengefallen. Also: *eo, io* später *ie; nioman; wio* usw.

Anm. 5. Der Diphthong *ei* wird vereinzelt in den verschiedensten ahd. Quellen mit ungenügender Orthographie auch durch *e* wiedergegeben, z. B. *sten* Musp., *heli* Exh. (Lb. 10).

Anm. 6. Die älteste Form *ai* für den Diphthong erscheint noch in obd. Quellen des 8. Jh.s, bes. in Pa, K, Voc. (Lb. 1,1.2). – Im bairischen und im schwäbischen Dialekt wird seit dem 12. Jh. *ei* wieder zu *ai: stain, tail*.

§ 12 (45. 46. 53). Germ. *au* (got. *áu*) ist im As. durchaus zu *ō* kontrahiert: *ōga, hōbid* (= as. ō¹, s. § 1). Dieses *ō* ist offenes *ō*, für das zuweilen auch *ā* erscheint. Im Ahd. findet Kontraktion des *au* zu *ō* statt vor germ. *h* und allen Dentalen *(d, t, z, s, n, r, l)*, z. B. *hōh* (got. *háuhs*), *ōtag* reich (got. *áudags*), *stōzan* (got. *stáutan*), *lōn* (got. *láun*), *hōren* (got. *háusjan*). – In allen übrigen Fällen (vor Labialen und Gutturalen außer german. *h*) ist der Diphthong im Ahd. geblieben, bis in die ersten Dezennien des 9. Jh.s noch in der Form *au* (z. B. in B. Ms. Is.); während der ersten Hälfte des 9. Jh.s geht dann *au* in *ou* über. Bei T herrscht schon *ou* (nur noch 8 *au*); O hat *ou* ausnahmslos. Auch im Mhd. ist *ou* noch die Form des Diphthongs. Beispiele: *haubit, houbit* (got. *haubiþ*), *hlauffan, loufan* (got. *hlaupan*); *ouga* (got. *augō*), Praet. st. Verba II *boug* (gegen *bōt*, s. § 79).

Anm. 1. Vor erst im Ahd. entstandenen *hh, h* (s. § 22) bleibt auch dieser Diphthong: *bouhhan* Zeichen, *rouh* Rauch.

Anm. 2. Die Kontraktion des *au* zu *ō* fällt ins 8. Jh. Eine Zwischenstufe ist *ao*, welche in den alten alem. Quellen nur selten erscheint, dagegen für die ältesten bairischen Denkmäler charakteristisch ist. *ao* herrscht in Pa und R. In Exh. *capaot, fraono, canaotit* (Lb. 10). – Das im Auslaut aus *aw* entstandene *ao* ist im Ahd. ebenfalls zu *ō* kontrahiert; z. B. *frao* froh, *strao* Stroh > gemeinahd. *frō, strō*.

Anm. 3. Auch die vor geminiertem *w* entstandenen ahd. *au* (§ 30, A. 6: *aww > auw*) werden zu *ou: skauwōn > skouwōn*.

Anm. 4. Im Mhd. wird *ō* zu langem *œ* umgelautet, wo im Ahd. *i, j* folgte, z. B. mhd. *hœren, stœzet* (ahd. *stōzit*), *hōch*, aber *hœher, hœheste* (ahd. *hōhiro, -isto*). – Der Umlaut des *ou* zu *öu (eu)* ist im Mhd. noch wenig fest, oft von umlautslosen Formen begleitet; z. B. *tröumen* und *troumen* (as. *drōmian*); *ouge*, Dim. *öugelīn;* sw. Verbum I *öugen* und *ougen* zeigen (got. *augjan*). Bei manchen Wörtern fehlt er mhd. ganz, z. B. *houbit, er-, gelouben, roufen, toufen*. – Im Spätahd. finden sich nur erst wenige Spuren von diesen Umlauten.

§ 13. Diphthonge: Germ. *eu*

§ 13 (47–49. 53). a) Germ. *eu* ist im Got. stets *iu*. Im As. und Ahd. ist der Diphthong 1. zu *iu* geworden, wenn in der folgenden Silbe ein *i*, *j* oder *u* steht. Dagegen 2. vor einem *a*, *e*, *o* der folgenden Silbe ist im Fränk. und As. *eo* eingetreten. Die Form *eo* herrscht im 8. Jh. und im Anfang des 9. Jh.s. Dann tritt *io* ein, das bei T schon die Regel bildet. – Nach diesen Regeln besteht also ein Wechsel zwischen *iu* und *eo*, *io* z. B. st. Verba II (§ 79) *biutu, biutis*, aber *beotan, biotan*, Konj. *beote, biote; lioht* Licht, aber *liuhten* (as. *liuhtian*) leuchten; *deota, diota* Volk, aber *diutisk*.

b) Diese Regel gilt uneingeschränkt nur für das Fränkische (und As.). Im Oberd. ist dagegen im 8./9. Jh. *eo* auf die Stellung vor Dental und vor germ. *h* beschränkt; *iu* tritt also auch vor folgendem *a*, *e*, *o* ein, wenn der zwischenstehende Konsonant ein Labial oder Guttural (außer germ. *h*) ist. Also st. Verba II (§ 79) *biugu* – obd. *piugan*, fränk. *biogan;* fränk. *flioga*, obd. *fliuga;* fränk. *tiof* (tief) und *tiufī*, obd. *tiuf, tiufēr, tiufī;* fränk. *liob, liobōsto*, obd. *liup, liubōsto;* fränk. *sioh*, obd. *siuh* (aber *ziohan*).

c) Im späteren ahd. (10./11. Jh.) geht *io* in *ie* über und fällt mit dem aus *ia* entstandenen *ie* (§ 7) zusammen: so auch noch mhd., z. B. *bieten, lieht, lieb*. Dagegen hält sich *iu* auf seinem Gebiete bis ins Mhd. hinein, wenigstens in der Schreibung. Der lautlichen Geltung nach ist mhd. *iu* im größten Teile des Sprachgebietes nicht mehr Diphthong, sondern ein langer *ü*-Laut, welcher in Schreibung und Laut mit *iu*, dem Umlaut von *ū* (§ 10) zusammengefallen ist.

Anm. 1. Wie der germ. Diphthong wird auch das im Praet. der red. Verba II neu entstandene *eo* behandelt, vgl. § 86. Wechsel innerhalb der Flexion findet jedoch nicht statt, z. B. *stioz*, Pl. *stiozun*, Konj. *stiozi*.

Anm. 2. Neben *io* erscheint bei O häufig *ia*, besonders bei den st. Verben II *(biatan)*, auch im Praet. der red. Verba II *(liaf* § 86). Vor Endungs-e sind *io, ia* bei O oft assimiliert zu *ie: liobe* und *liebe; biate* und *biete*.

Anm. 3. Oberd. beginnt seit dem 10. Jh. die fränkische Regel einzudringen, daß *io*, bez. *ie* auch vor Lab. und Gutturalen steht. So bei N *lieb, tief, biegen*. Doch kommen oberd. *iu*-Formen *(biugen, tiuf)* daneben noch bis ins Mhd. hinein vor.

Anm. 4. Der vor geminiertem *w* entstandene Diphthong *iu* (s. § 30, A. 6) steht ahd. stets auch vor folgendem *a*, *e*, *o*, z. B. *triuwa, bliuwan*.

Anm. 5. Für *ie* (sowohl aus *io*, als nach § 7 aus *ia*) tritt seit dem 11./12. Jh. in fränk. mitteld. Quellen vielfach Kontraktion zu *ī* ein. Auch in oberd. Quellen begegnet vereinzelt dieses *ī* für *ie*.

Anm. 6. Für *iu* tritt seit dem 10./11. Jh. nicht selten die Schreibung *u, û, ú* ein, eine Bezeichnung des langen *ü*-Lautes, z. B. *gebûdet, lûte*. Auch *ui* (*ûi* stets Will.) kommt dafür vor (vgl. § 10, A. 1).

Anm. 7. Im As. (Hel.) ist die älteste Form *eo* noch recht häufig, doch ist *io* das normale, woneben in M *ia*, in C *ie* nicht selten auftritt; also *geotan, giotan; kiasan* M, *kiesan* C. – Statt *iu* steht vor dentalen Konsonanten in Hel.-CPV oft *io: liodi* und *liudi, diorlic* und *diurlic*.

B. Die Vokale der Nebensilben

§ 14 (70–77 a). Die Vokale der **Praefixe** unterliegen, soweit sie unbetont sind, nämlich als Verbalpraefixe, und Praefixe der deverbativen Substantiva, *ga-* auch als Nominalpraefix im Ahd. schon früh großen Schwankungen. Das Fränkische geht dabei in der Abschwächung der Vokale voraus, das Oberdeutsche folgt im Allgemeinen langsamer. Der Endpunkt ist überall *e*. Die folgende Zusammenstellung zeigt die belegten Formen in ungefähr historischer Reihenfolge: *ga, gi* (9. Jh., frk.), *ge; za, zi, ze; ant, int(in), ent; ur, ar, ir, er; fur, far, fir* (rhfr.), *fer; bi, be*.

§ 14a (56–61). Vokale der **Endsilben**. In den Endsilben kommen im Ahd. vor die Vokale *a, e, i, o, u*, und zwar sowohl **kurz als lang**. Ein Diphthong als Endsilbenvokal findet sich nur in der oberd. Adjektivendung *-iu* (§ 58, A. 3), die bis ins Mhd. erhalten bleibt. Alle übrigen Endsilbenvokale erleiden seit dem Anfang des 10. Jh.s immer zunehmende Abschwächung, wovon sich auch schon im 9. Jh. Spuren zeigen. Schließlich werden alle Endsilbenvokale zu einförmigem *e*, welches schon im 11. Jh. einen breiten Raum einnimmt. Genauere Regeln über den Gang der Abschwächung lassen sich nicht geben, da die einzelnen Denkmäler stark voneinander abweichen. Im allgemeinen läßt sich sagen, daß sich die langen Endvokale am besten halten. Von den kurzen Vokalen sind die im ungedeckten Auslaut stehenden widerstandsfähiger als solche, die im gedeckten Auslaut stehen, d. h. noch Konsonanten nach sich haben. So ist das Verhältnis bei N. Er schreibt noch *gébâ* (N. Pl.), *lóbôn zúngûn, bóto, géba*, aber stets *-en* statt ahd. *-un, -in, -an*, z. B. *nâmen (nâmun), némen (nëman), hánen (hanin)* usw.

Im 12. Jh. ist fast überall *e* eingetreten, für das auch in manchen Hss. *i* angewandt wird. Nur das Alem. hat bis ins Mhd. oft noch volle Endsilbenvokale, wo das Ahd. lange Vokale hatte.

Anm. 1. Länge der Endsilbenvokale ist durch alte nicht eben häufige Doppelschreibung (besonders in B, z. B. *horsamii*), später durch die Zirkumflexe bei N bezeugt.

Anm. 2. Die Endsilben-*e* gehen im Bairischen, besonders der späteren Zeit, vielfach in *a* über. Im ungedeckten Auslaut zeigen die kurzen *u* und *i* schon im 9. Jh. öfters Übergang in *o* und *e*, was vom 10. Jh. ab immer allgemeiner wird: am festesten sind kurz *a* und kurz *o*.

Anm. 3. Im As. des 9. Jh.s kommen ebenfalls alle Vokale in den Endsilben vor, doch sind, wie es scheint, lange Vokale nicht mehr vorhanden. Die Endsilbenvokale sind vielfach schwankend, so wechselt oft *-a* mit *-e* (z. B. 3. Praet. Sg. *lērda* und *lērde;* Dat. Sg. *mōda* und *mōde*); *-u* mit *-o* *(sunu* und *suno);* auch gedeckte Endsilbenvokale zeigen Schwanken, so *-as* und *-es* (G. Sg.); *-un* und *-on* (schw. Dekl.), *-an* und *-en* (Infin.). Besonders ist für Hel.-M häufiges *e* statt *i* in Endsilben charakteristisch.

§ 15. 15a. Vokale der Nebensilben

§ 15 (62–69). a) Die Vokale der **Mittelsilben** drei- und mehrsilbiger Wörter sind im Ahd. weniger fest als die der Endsilben. Sie sind schon in älterer Zeit vielen Schwankungen unterworfen, werden auch früher zu *e* als die meisten Endsilbenvokale. Nur schwere Mittelvokale, die lang oder durch Position gedeckt sind und einen Nebenton tragen, halten sich z. T. bis ins Mhd.: z. B. *-āri*, mhd. *-ære (scrībāri), -inn- (cuninginna), -unga (manunga)* u. a.

b) **Synkope** alter kurzer Mittelvokale tritt im As. sehr gewöhnlich nach langer Stammsilbe ein *(hōbid* G. *hōbdes; māritha* und *mārtha)*; im Ahd. ist dies Regel nur im Prät. der schw. Verba I *(hōrta* gegen *nerita*, s. § 89), sonst nur in einzelnen Fällen wie *hērro* Herr (aus *hēriro* § 62, A. 2), häufig von *ander* G. *andres* usw.

c) **Assimilation** unbetonter Mittelvokale ist sehr häufig, bes. bei O, und zwar meist an den Vokal der Endung, seltener an den Stammvokal, z. B. *nagultun* (zu *nagalen)*, *wuntorōn (wuntar), bruadoron (bruader); scīnintaz* (statt *scīnantaz)*.

§ 15a (65. 69). Neue End- und Mittelsilbenvokale sind im Ahd. in großer Zahl entstanden (sog. Vokalentfaltung).

a) Auslautende *l, r, n, m* nach Konsonant wurden zu *al, ar, an, um*: *fogal*, as. *fugal* (got. *fugls), hlūttar* (got. *hlūtrs), zeichan*, as. *tēkan* (got. *taikns), ātum* Atem. Dieser neue Vokal kam also nur den unflektierten Formen zu, bei antretenden Flexionen fehlte er. So regelmäßig im As.: *fugal, fugles, hlūttar, hlūttres;* doch steht hier oft vor *r* (selten vor anderen Konsonanten) der Vokal auch in der Flexion, besonders nach kurzer Silbe: *fagares, akkaro*. Im Ahd. ist der Zwischenvokal (auch Svarabhakti-, Sproßvokal) auch in die flektierten und abgeleiteten Formen gedrungen: *fogales, (h)lūtares, zeichanes, zeichanen, zeichanunga*. Nur die ältesten Quellen (Pa, Is.) haben nach langer Silbe den Vokal noch nicht; also *fogales,* aber *hlūttres, zeihnes, zeihnunga*.

b) Zwischen *r* oder *l* und *h*, ebenso zwischen Kons. und *w* entwickeln sich ahd. (teilweise auch as.) unfeste Mittelvokale, die beliebig fehlen können und in der späteren Sprache meist ganz aufgegeben werden. Diese Vokale unterliegen derselben Assimilation wie die alten Mittelsilbenvokale (§ 15, c): z. B. *forhta, forahta, forohta* (Furcht), *fëlhan* und *fëlahan* st. Verbum III bergen, Praet. Pl. *ful(u)hun*, Part. *bifol(a)han*, *-folohan; farwa, farawa, farowa* Farbe, *zës(a)wa, zëseuua* (N) rechte Hand.

Anm. 1. In oberd. Quellen findet sich ähnliche Vokalentfaltung auch zwischen *r* und Labial oder Gutteral. Die Erscheinung ist wenig durchgehend, am häufigsten in B: *war(a)m, për(e)ge* (monti), *dur(u)ftīgōn*.

Anm. 2. Im As. ist die Vokalentfaltung am häufigsten in V, wo nicht nur zwischen *rh, rw (fëraht, gerewian)*, sondern auch zwischen *r* und Labial oder Guttural regelmäßig Zwischenvokal steht, z. B. *wërek, burug, scarapun, stëreban, staraf, aram*. Von den sonstigen as. Hss. hat nur C eine etwas reichlichere Anzahl von Fällen aufzuweisen.

II. KONSONANTEN

§ 16 (81. 82). Das Urgermanische besitzt:

A. Geräuschlaute: 1. Harte (stimmlose) Verschlußlaute: *t, p, k* (aus idg. *d, b, g*, in Verbindung mit vorausgehendem Spiranten aus idg. *p, t, k*). 2. Harte (stimmlose) Spiranten: *s, þ, f, χ* (aus idg. *s, t, p, k*). 3. Weiche (stimmhafte) Spiranten: *z, đ, ƀ, γ* (aus idg. -, *dh, bh, gh* oder aus idg. *s, t, p, k* über germ. *s, þ, f, χ;* vgl. § 35).

B. Sonore Konsonanten: *w, j; r, l; m, n*.

Die gotischen Laute stimmen im ganzen damit überein, doch sind hier *đ, ƀ, γ* (geschrieben *d, b, g*) in bestimmter Stellung hauptsächlich im Anlaut, weiche Verschlußlaute geworden.

In den westgerm. Sprachen sind mit den germ. weichen Spiranten folgende Veränderungen vorgegangen. - a) *z* (weicher *s*-Laut = got. *z*) ist inlautend zu *r* geworden (Rhotazismus), auslautend dagegen geschwunden, z. B. as. ahd. *mēro* (got. *maiza*); as. *hord*, ahd. *hort* (got. *huzd*); as. ahd. *sunu* (germ. **sunuz*, got. *sunus*). - b) Germ. *đ* ist westgerm. überall zum Verschlußlaut *d* geworden. - c) Germ. *ƀ* ist westgerm. im Anlaut, nach *m* und bei Gemination Verschlußlaut *b* geworden, sonst in- und auslautend Spirant (as. *ƀ*) geblieben. - d) Auch germ. *γ* zeigt Neigung, in Verschlußlaut überzugehen; aber die allgemeine Schreibung *g* erlaubt über den Lautwert - ob Verschlußlaut oder Spirant - oft keine sichere Entscheidung.

§ 17 (91–99). Neben den einfachen Konsonanten kommen auch sehr häufig Geminaten vor. a) Diese sind z. T. urgermanisch, d. h. in allen germ. Sprachen vorhanden, z. B. got. *swimman, wissa, skatts*. - b) Eine große Zahl von Geminaten entsteht durch die westgerm. Konsonantengemination. Nach kurzer Silbe (doch s. § 17 A. 1, b) werden in allen westgerm. Sprachen verdoppelt: 1. vor *j* alle Konsonanten außer *r*, z. B. as. *biddian*, ahd. *bitten* (got. *bidjan*) - as. *settian*, ahd. *sezzen* (got. *satjan*) - as. *sibbia*, ahd. *sipp(e)a* (got. *sibja*) - as. *skeppian*, ahd. *skepfen* (got. *skapjan*) - as., ahd. *willio*, ahd. *willo* (got. *wilja*); 2. vor *r* und seltener *l* nur *t, p, k*, z. B. ahd., as. *bittar* (an. *bitr*) - *akkar* (got. *akrs*) - ahd. *kupfar* (lat. *cuprum*), - as. *appul*, ahd. *apful* Apfel (an. *epli*); 3. vor *w (u)* nur *k*, z. B. ahd. *naccot* (got. *naqaþs*). Die gelegentlich angenommene Gemination vor *m, n* bleibt ganz fraglich. - c) Eine dritte (jüngste) Schicht von Geminaten ist erst im Ahd. entstanden aus der Verschiebung der inl. germ. *t, p, k* zu ahd. *zz, ff, hh* (s. § 19). - d) Auch durch Zusammenrückung nach Vokalausfall, z. B. *hērro* (< *hēriro*); schw. Praet. *leitta* < **leitita*, as. *lēdda* < **lēdida* (§ 89) und durch Assimilation (z. B. *brëttan* < as. *brëgdan*, § 80, A. 3; ahd. *stimma* < *stimna*, as. *stëmna*) sind ahd. noch Geminaten entstanden.

§ 17. Westgerm. Gemination. — § 18. Hochdeutsche Lautverschiebung

Anm. 1. Die Geminaten traten ursprünglich auch nach langer Silbe ein, doch hielten sie sich dauernd nur nach vorhergehendem kurzen Vokal. a) Von den urgerm. Geminaten sind im Ahd. die nach langer Silbe schon durchaus vereinfacht, z. B. ahd. *wis* weise (aus urg. **wissa*-), ahd. Praet. *muosa* (aus **mōssa*, vgl. *wëssa*, § 93), red. Praet. *fialun* (zu *fallan* § 85). b) Spuren westgerm. Konsonantengemination vor *j* u. *r* nach langer Silbe zeigen sich reichlicher im älteren Obd., wenige im Fränk., z. B. vor *j* in B *leittan* (as. *lēdian*, ahd., mhd. *leiten*), *auckan* (got. *augjan*), in Musp. *suannan, wissant, arteillan*; vor *r* häufiger altes *(h)lūttar, eittar* (später > *lūtar, eitar*). Diese Geminaten werden später fast ausnahmslos vereinfacht. c) Die erst ahd. entstandenen *zz, ff, hh* sind auch nach langem Vokal noch häufig *(lāzzan, slāffan, zeihhan)*, wenn auch meist schon vereinfacht: *lāzan, slāfan, zeichan*. d) In Zusammenrückungen wie *leitta, hërro* hält sich die Geminata nach langem Vokal im Ahd. am längsten; doch spätahd. öfter *leita* usw.

Anm. 2. Jede Geminata wird ahd. vereinfacht im Auslaut und vor Konsonanten, z. B. *fël — fëlles; ëzzan — iz,* brennen — *branta.* Im As. haben einige Hss. (CV) oft auslautend den Doppelkons. bewahrt, z. B. *mann, all, upp, gewitt.* — Bei O steht oft auch inlautend *k* und *z* statt *kk* und *zz* (z. B. *akar, ëzan*), doch ist dies nur graphische Eigentümlichkeit.

A. Die Geräuschlaute

§ 18 (83—90). Die idg. Geräuschlaute waren durch die germanische (auch erste) Lautverschiebung in die (§ 16) genannten germanischen Laute gewandelt worden. Durch die **hochdeutsche** (auch zweite) **Lautverschiebung** wird die Mehrzahl der westgermanischen Geräuschlaute vor dem Eintritt unserer Quellen weiter gewandelt. Dies geschieht in den einzelnen Dialekten verschieden, so daß der Stand der Lautverschiebung das wichtigste Hilfsmittel zur Scheidung der ahd. Dialekte ist. Nach § 16. 17 hatte die Sprache vor der Verschiebung (= westgerm.) folgende Geräuschlaute:

a) Harte Verschlußlaute: *t, p, k*.

b) Weiche Verschlußlaute und Spiranten: 1. *d* Verschlußlaut; 2. *b* Verschlußlaut im Anlaut, nach *m* und bei Gemination, dagegen Spirant *ƀ* im sonstigen In- und Auslaut; 3. *g* sowohl Spirant als Verschlußlaut, letzteres sicher in der Gemination und wahrscheinlich im Anlaut.

c) Harte Spiranten: *s, þ (th), f, χ (h)*.

Die hd. Lautverschiebung trifft am intensivsten die harten Verschlußlaute, weniger die weichen Laute unter b); die harten Spiranten unter c) sind nicht beteiligt, nur wird germ. *þ (th)* in der ahd. Periode zu *d*, jedoch später als die Lautverschiebung und auch über das hochdeutsche Gebiet hinausgreifend.

In der folgenden Tabelle der ahd. Lautverschiebung sind die im Ahd. verschobenen Laute in Fettdruck wiedergegeben. Bei Spaltung in zwei Reihen enthält die erste den **Anlaut** nebst gleichbehandelten Inlauten, die zweite die Stellung **nach Vokal**, in- und auslautend.

§ 18. Die hd. Lautverschiebung. § 19. Die germ. harten Verschlußlaute

I.

idg.	lat. dexter	d	lat. edo gr. το(δ)	gr. baitē b lat. (s)lābi	lat. gelidus g		ego
urgerm.		t		p	k		
got.	taíhswo	t	itan þata	paida p slēpan	kalds k		ik
as.		t		p	k		
mittelfr.	z zz (t)		ëzzan (dat)	p ff	k hh ih(h)		
rheinfr.	z zz		ëzzan daz	p (pf) ff	k hh		
ostfr.	zëso z zz		ëzzan daz	pf ff släffan	kalt k hh ih(h)		
oberd.	zëso z zz		ëzzan daz	pfeit pf ff släffan	chalt ch hh ih(h)		

II.

idg.	gr. θύρα	dh	ind. madhya	ind. bharāmi	bh	lat. hostis gh ind. stīgh-		
urgerm.		đ			ƀ	γ		
got.	daúr	d(þ)	midjis	baíran b (f)	gaf	gasts	g	steigan
as.	dor	d	middi	b bf		g		
mittelfr.		d		b vf		g		
rheinfr.	dor	d(t)	mitti	b ƀ		g		
ostfr.	tor	t	mitti	bëran b ƀ	gab	gast	g	stīgan
oberd.	tor	t	mitti	përan bëran } (pb) bp { gab gap		kast gast } kg g(k)		{ stīgan (stīkan)

a) Die germ. harten Verschlußlaute

§ 19 (87). Im As. sind germ. *t, p, k* unverändert geblieben. Dagegen unterliegen sie im Ahd. der Verschiebung. Diese ist verschieden nach der Stellung im Worte. Zu scheiden sind zwei Fälle: a) nach Vokalen werden die einfachen *t, p, k* im Inlaut zu Doppelspiranten verschoben *(zz, ff, hh)*, welche auslautend vereinfacht werden. Diese Verschiebung erstreckt sich über das ganze hochd. Gebiet. b) In allen anderen Stellungen, also im Anlaut, im In- und Auslaut nach Konsonant *(l, r, m, n)* und in der Gemination geht die Verschiebung nur bis zur Affrikata *(t > z, p > pf, ph; k > kh, ch)* und ist nicht gleichmäßig im ganzen Sprachgebiet eingetreten.

Anm. 1. Von der Verschiebung ausgenommen sind germ. *t, p, k* in der Verbindung mit den Spiranten *s, f, h (stein, spil, fisk; craft, naht)*, *t* auch in der Verbindung *tr (triuwa)*.

§ 20. 21. Die germ. harten Verschlußlaute: t; p

§ 20 (155–161). Germ. t. a) Spirantenverschiebung zu zz, ausl. z, über das ganze hochd. Gebiet sich erstreckend, nur mfränk. (thür.?) unverschoben die Neutra der Pron. *(that, it, wat)*. Das spirantische z wird in den Hss. nicht von der Affrikata z geschieden, nur Is. schreibt *zss, zs* dafür. In manchen Drucken wird *ȥȥ, ȥ* zur Bezeichnung des Spiranten angewandt. Beispiele: *ëzzan* (as. *ëtan*), *bīzzan* (as. *bītan*), *daz* (as. *that*), *fuoz*, Pl. *fuozzi* (as. *fōt*). Nach langem Vokal wird vom 9. Jh. ab meist nur ein z geschrieben (*bīzan, fuozi*, s. § 17, A. 1), doch kommt auch nach kurzem Vokal einfaches z vor *(ëzan)*, so regelmäßig bei O und N.

b) Affrikatenverschiebung zu z (inl. bei Gemination meist zz, seltener tz geschrieben) im ganzen Gebiete durchgeführt. Beispiele: *ziohan* (as. *tiohan*, got. *tiuhan*); *swarz* (as. *swart*), *holz* (as. *holt*); *sezzen, setzan* (as. *settian*, got. *satjan*), *scaz*, G. *scazzes* (got. *skatts*).

Anm. 1. Für Affrikata z (nicht für Spirans z) wird vor *e, i* ziemlich oft c geschrieben: *ciuhit, ci, lucil*, vereinzelt auch *cz, zc* u. a.

Anm. 2. Im As. erscheint z als Schreibung für *ts* in *bezto* (der Beste) und *lazto, lezto* (der Letzte). Daneben auch die assimilierten Formen *besto, lasto*.

§ 21 (130–133). Germ. p. a) Spirantenverschiebung zu ff, ausl. f, über das ganze hochd. Gebiet reichend. Inlautend nach langen Vokalen tritt bald allgemein f statt ff ein (§ 17, A. 1). Beispiele: *offan* (as. *opan*); *slāffan, slāfan* (as. *slāpan*); *skif*, G. *skiffes* (as. *skip, -es*).

b) Die Affrikatenverschiebung zu pf, sehr oft ph geschrieben, bei Geminata auch pph, ppf, ist nur oberd. und ostfränkisch vollständig durchgeführt. Beispiele: *phlëgan* (as. *plëgan*) pflegen; *skephen, skepfen, skepphen* (as. *skeppian*, got. *skapjan*) schaffen, schöpfen; *gilimpfan* (ae. ʒelimpan) angemessen sein; *hëlphan* (as. *hëlpan*), *thorph* (as. *thorp*).

Dagegen ist im Mfränk. und Rheinfränk. p im Anlaut stets unverschoben; inlautend nach Konsonanten und bei Gemination ist nur das Mfränkische ganz ohne Verschiebung, während das Rheinfränk. p nach l und r verschiebt; das Südrheinfränkische (O) verschiebt überwiegend p nach m und stets pp.

Es entsprechen sich also

ostfr. obd.:	*phlëgan,*	*skephen,*	*gilimpfan,*	*hëlphan,*	*thorph.*
südrhfr. (O):	*plëgan,*	*scepphen,*	*gilimphan,*	*hëlphan,*	*thorph.*
rhfr.:	*plëgan,*	*skeppen,*	*gilimpan,*	*hëlphan,*	*thorph.*
mfr.:	*plëgan,*	*skeppen,*	*gilimpan,*	*hëlpan,*	*thorp.*

Anm. 1. Nach *l, r* wird schon im 9. Jh. pf weiter verschoben zu f in *hëlfan, wëlf, dorf, wërfan*, bleibt dagegen bis ins Mhd. in *sarpf (scarpf), harpha, karpho, gëlpf*.

Anm. 2. Hochalem. Denkmäler haben statt pf meist *f, ff*, z. B. B: *funt, sarf, limfan, sceffen*. Doch ist wenigstens in der Gemination pf in vielen Quellen bewahrt, so N: *skepfen, tropfo*, aber *flëgan, chemfo*.

§ 22. Germ. k. (140–146). a) Spirantenverschiebung zu *hh*, ausl. *h*, über das ganze hochd. Gebiet gehend. Statt *hh* verbreitet sich seit dem 9. Jh. immer mehr die Schreibung *ch*, welche nach kurzem und langem Vokale steht bis ins Mhd. Beispiele: *mahhōn, machōn* (as. *makōn*), *zeihhan, zeichan* (as. *tēkan*), *sprëchan – sprah* (as. *sprëkan*), *ih* (as. *ik*).

Anm. 1. Statt und neben *hh, ch* findet sich nicht selten auch einfaches *h* geschrieben: *zeihan, mahōn*, auch *hch* kommt öfter vor: *mahchōn*.

Anm. 2. Auslautend bleibt *h* im Ahd. die Regel *(sprah)*. Erst spätahd. nimmt die im Mhd. herrschende Schreibung *ch (sprach)* überhand.

b) Affrikatenverschiebung zu *$k\chi$*, geschrieben selten *kh*, regelmäßig *ch*, in der Gemination oft (stets N) *cch*, ist nur oberdeutsch eingetreten; alle fränkischen Mundarten haben anlautend, inlautend nach Kons. und geminiert unverschobenes *k*, für welches sehr gewöhnlich auch *c* geschrieben wird (außer vor *e, i,* § 20, A. 1). Beispiele: obd. *chorn (khorn), chind, wërch, scalch, wechan* und *wecchan* = fränk. *corn, kind, wërc, skalk, wekken* (as. *korn, wërk, wekkian*).

Anm. 3. Die Verbindung *kw* wird as. und fränk. regelmäßig durch *qu* bezeichnet, oberd. durch *chu*, seltener *qhu*.

Anm. 4. In oberd. Quellen des 8. u. 9. Jh.s ist auch die Schreibung durch einfaches *k (c, qu)* für die Affrikata nicht selten, so daß äußerlich kein Unterschied vom Fränk. ist. Vom 10. Jh. ab ist die Schreibung *ch* konsequenter gebraucht.

Anm. 5. Is. setzt für *k* regelmäßig *ch* im Anlaut, Inl. nach Kons., in Gemination, desgl. *sch* vor *e, i (chalp, folches, wechu, fleisches)*, dagegen *c* im Auslaut und *sc* vor *a, o, u (folc, sculd);* ferner *quh* statt *qu (quhëdhan)*.

Anm. 6. Im As. wird für *k* sehr oft *c* geschrieben, meist vor *a, o, u*, doch steht *c* seltener auch vor *e, i* (z. B. *rices, micilo*); besonders oft in der Verbindung *sc (scinan, scip, -scepi* usw.). – Zu bemerken ist die as. öfter erscheinende Schreibung *ki, ke* für palatales *k* (z. B. *antkienda, sprekean, tēkean*).

Anm. 7. Die nach § 19, A. 1 unverschoben gebliebene Gruppe *sk* (ahd. meist *sc* geschrieben, auch vor *e, i: scirm* O) ist im Mhd. zu einem einheitlichen Spiranten *š* (seit dem 13. Jh. weitgehend *sch* geschrieben) geworden. Auf eine Vorstufe dieses Lautwandels (Palatalisierung des *k* nach *s*) weisen wohl im Ahd. die Schreibungen vieler Hss. hin, die neben *sc* öfters *sch* oder *sg* haben, letzteres bei O stets im In- und Auslaut *(fisg, wasgan)*.

b) Westgerm. weiche Verschlußlaute und Spiranten

§ 23 (88. 162–164). Westgerm.-as. **d** ist ahd. im **Oberd.** und **Ostfränkischen** stets zu *t* geworden *(dd > tt)*. Dagegen kommt im Mfränk. und Rheinfr. *t* statt *d* nur oft im Auslaut vor, während an- und inlautend *d* geblieben ist. Doch erscheint im Rheinfr. zuweilen *t* neben *d;* sehr häufig im Südrheinfr.: O setzt nur im Anlaut regelmäßig *d*, in- und auslautend stets *t*. Die Geminata ist im gesamten Rheinfr. verschoben: *tt* (auch *td* geschrieben). – Beispiele:

ostfr. obd.:	tohter,	bintan,	biotan,	bitten.
südrhfr. (O):	dohter,	bintan,	biatan,	bitten.
rheinfr.:	dohter,	bindan,	biodan,	bitten.
as.:	dohter,	bindan,	beodan,	biddian.

Anm. 1. Nach mhd. Quellen ist die Gruppe *rd* im Rheinfränk. und südlichen Mfränk. zu *rt* verschoben, z. B. *wort*, G. *wortes*.

Anm. 2. Spätahd. ist die Gruppe *nt* zu *nd* geworden (= mhd.), z.B. N *binden*, Part. *nëmende;* auch für *mt* hat N *md*, z. B. *rûmda*, vgl. § 36 A. 2.

Anm. 3. Das unverschobene *d* erscheint auslautend im As. oft als *t*, besonders in Verbalformen, z. B. *gislekit, gifrōdot*, 3. Sg. *nimid* und *nimit*. Regelmäßig wird *-da* des sw. Praet. zu *-ta* nach stimmlosen Lauten: as. *dōpta, custa, giwarhta* usw.

§ 24 (88. 134–136). b. 1. Im As. steht Verschlußlaut *b* im Anlaut, Inl. nach *m* und in der Gemination *bb*, im sonstigen Inlaut dagegen weicher Spirant *ƀ (v)*, der as. auslautend und meist vor *l, n* zu *f* wird; also as. *bëran, lamb, sibbia* aber *gëƀan, sëlƀo*, ausl. *gaf, sëlf; ëƀan, ëfno, nëƀal*, G. *nëfles*.

Anm. 1. Das Zeichen *ƀ* ist im As. nicht die einzige Schreibung des weichen Spiranten: es steht hauptsächlich in den Heliandhss., in den kleineren Denkmälern herrscht dafür *v (u): gëuan, gilōuian*. Neben *ƀ* nimmt im Hel. die Schreibung mit gewöhnlichem *b* großen Raum ein, in M ist sogar *b* die Regel, *ƀ* seltene Ausnahme, also *gëban, gilōbian;* auch die Schreibungen mit *u* und *f* kommen im Hel. vor.

2. Von den fränkischen Dialekten hat das Mfränk. den as. Lautstand bewahrt, also mfr. *bëran*, aber *sëlvo, gëvan – gaf.* – Ost- und Rheinfränkisch steht in- und auslautend wie im Anlaute *b*, in der Gemination *bb* (daneben *pp*, bes. später); also z. B. bei O *bëran, lamb, sibba* (Is. *sipbea*, spätahd. *sippa*); *gëban – gab, sëlbo – sëlb*. Auslautend und vor *t* bisweilen *p: gap, giloupta;* im Silbenauslaut: *dumpheit* (O).

Anm. 2. *crippea* Krippe (as. *cribbia*) ist bei T stets mit *pp* geschrieben, bei O sogar mit Verschiebung *krippha* (§ 21), als ob germ. *pp* zugrunde läge (mhd. *krippe* und *kripfe*).

3. Für das Oberd. ist *p* statt fränk. *b* charakteristisch. Und zwar haben die bairischen Quellen überall *p*: bair. *përan, lamp, sippa, gëpan, sëlpo*. Im Alemann. dagegen steht *p* regelmäßig nur anlautend und in Gemination, während sonst inl. *b* herrscht, also alem. *përan, sippa*, aber *gëban, gab (gap), sëlbo*. Vom 9. Jh. ab nimmt aber auch im Obd. die Schreibung *b* überhand und wird schließlich im Inlaut überall herrschend, während *p* im Anlaut nie ganz verdrängt wird. Nur die Geminata bleibt immer *pp*. Also im 11. Jh. auch bair. stets *gëben*, aber *bëren* und *përen*.

§ 25 (88. 147–149). g. Das Gesamtfränkische hat in genauer Übereinstimmung mit dem As. das Zeichen *g*, also fränk. *gëban, ouga, liggen, (h)ruggi* (as. *geban, ōga, liggian*). Im älteren Oberd. tritt dagegen statt des *g* häufig *k (c)* ein, und zwar stets in der Gemination: *likkan, rucki;*

sonst ist *k* im Anlaut häufiger als im Inlaut, also *këban* (bair. *këpan*), *kast*, daneben oft *gëban (gëpan), gast; ouga, stīgan*, seltener *ouca, stīcan*. Im späteren Oberd. weicht das *k* wieder dem *g*, also 11. Jh. wie mhd. *gëben, gast*, dagegen in der Gemination stets *ck (rucki*, noch mhd. *rücke)*.

Anm. 1. In einigen fränk. Quellen wird statt der Geminata *gg* öfters auch *cc* geschrieben. – Auslautend fränk. öfter *c* statt *g (tac* usw.). – Bei Is. steht *g* vor *a, o, u, r*, dagegen *gh* vor *e, i (ghëban* aber *gab)*, im Ausl. *c (mac)*, im Praefix *chi-* (statt *ghi-, gi-*).

Anm. 2. Im Ausl. oberd. meist *c, (tac, tages)*, im Bair. auslautend sehr oft *ch (tach, mach* usw.).

c) Die harten Spiranten

§ 26 (168–170). Germ. s erscheint im Ahd. und As. unverändert als *s*, z. B. ahd. *sun, kiosan, snīdan, wahsan, hals;* geminiert ahd. *giwis – giwissēr* (as. *wis – wisses*), Praet. *wissa, wëssa* (§ 35 a).

§ 27 (165–167). Germ. þ (got. *þ*) ist im Gesamtdeutschen über eine lenierte Zwischenstufe *đ* zum weichen Verschlußlaut *d* geworden (§ 35 a). Der Übergang breitet sich von Süden (bair. schon vorahd. erkennbar) nach Norden aus, zeigt sich zunächst im Inlaut (bes. nach *l, n*) und dehnt sich dann auch auf die anderen Stellungen, zuletzt den Anlaut, aus.

Anm. 1. Der Spirant wird *th* und seltener *dh* geschrieben. Die Schreibung *dh* deutet sicher auf Lenierung, und auch *th* muß diese wohl oft schon ausdrücken. Selten begegnendes *đ* (Lb. 18, vereinzelt in T) weist wohl ebenfalls auf Lenierung.

Das Bair. zeigt Mitte des 8. Jh.s schon überwiegend *d*, selten *th, dh*. Im Alem. findet der Übergang in der zweiten Hälfte des 8. Jh.s statt; ältere alem. Quellen zeigen noch häufig *th, dh*. Ostfrk. liegt der Übergang im 9. Jh.; T hat in- und auslautend überwiegend *d*, aber anlautend überwiegend *th*; ebenso verhält sich der südrhfrk. O. Rheinfrk. dringt *d* erst kurz nach 900 völlig durch. Is. hat durchaus *dh*. Im 10./11. Jh. setzt sich *d* auch im Mfrk. und den nördlich-mitteld. Mundarten durch, danach im Sächsischen und Niederfrk. Beispiele: oberd. (9. Jh.) *ding, daz, chuëdan, wërdan;* fränk. Is. *dhing, dhazs, quhëdhan, wërdhan;* TO: *thing, thaz, quëdan, wërdan*.

Im As. wird der Spirant anlautend regelmäßig *th* geschrieben *(thing, that, thīhan);* in- und auslautend ist *th* außer in kleineren Denkmälern besonders in Hel.-C häufig *(quëthan, nīth)*, in den Heliandhss. ist aber als normale Schreibung das *đ* zu betrachten *(quëđan, nīđ)*, zum Zeichen der erweichten Aussprache des Lautes. Neben *đ* tritt öfters *d* auf, welches in M die überwiegende Schreibung ist.

Anm. 2. Die Verbindung *thw > dw*, ahd. z. B. *thwingan, dwingan, thwahan, dwahan*, verschiebt spätahd. u. mhd. das *dw* zu *tw* (mhd. *twingen, twahen*).

Anm. 3. Im As. (und Ae.) ist germ.-got. *lþ* zu *ld* geworden und mit got.

ld zusammengefallen: as. *gold, wildi* (got. *gulþ, wilþeis*) und *haldan* (got. *haldan*), aber ahd. *gold, wildi* und *haltan*.

Anm. 4. Die nicht sehr häufige Geminata *thth* ist im Ahd. zunächst *dd*, aber bald *tt* geworden, z. B. *fëttach* Fittich (älter *fëddah*, Is. *fëthdhah*), *smitta* Schmiede (älter *smidda, smiththa*). Dem got. *aiþþau* (oder) entspricht ahd. vereinfacht *ëtho, ëdo, odo* (nur vereinzelt noch *ëddo*), daneben auch öfter *ërtho, ërdo;* vgl. as. *ëftho (ëttho, ohtho)*.

§ 28 (137–139). Germ. f (got. *f, b*) ist im Ahd., As. zunächst erhalten, unterliegt aber (wie germ. *þ, χ*) der Lenierung (§ 35 a). Es ist häufig im Anlaut, weniger häufig im intervokalischen Inlaut, da es in dieser Stellung meist schon urgerm. erweicht wurde und so got. – ahd. als *b* erscheint. Im Ahd. wird germ. *f* (nicht das aus germ. *p* verschobene, § 21) sehr häufig *u (v)* geschrieben, und zwar von ca. 750 an fast immer inlautend, wo *f* nur in alten Quellen häufig ist; anlautend beginnt *u (v)* sich nach 800 ebenfalls durchzusetzen. Im Auslaut und in den Gruppen *fs, ft* wird stets, nach anderen Konsonanten meist *f* geschrieben. Diese Schreibungen erweisen den Übergang zur Lenisartikulation, die sich im Frk. bis zur Stimmhaftwerdung entwickelt, was für das Obd. nicht erweisbar ist. Im As. bleibt germ. *f* im An- und Auslaut stimmlos; die kl. Denkm. und seltener Hel. schreiben dafür häufiger *u* statt *f*. Im intervokalischen Inlaut wird es stimmhaft mit den Schreibungen *ƀ, u, v* in Hel., Gen., *u, v, f* in den kl. Denkm. – Beispiele: ahd. (as.) *fuoz (fōt), filu, vilu (filo, vilo); hof,* G. *hoves (hof,* G. *hoƀes), avar* wider (got. *afar*), *durfan (thurƀan); kraft, lefs* Lippe. Fremdwörter z. B. *tiufal, diuval (diuƀal), brief,* G. *brieves (brēf)*.

Anm. 1. Geminata in *heffen* (as. *hebbian*) heben s. § 83.

Anm. 2. Im Praefix *int + f* wird ahd. *tf* zur Affrikata *pf (ph)* assimiliert und besonders später auch häufig mit *ph* geschrieben, z. B. *int-fāhan, infāhan* und *inphāhan, intfallan* und *inphallan* (as. *ant-fāhan, ant-fallan*).

Anm. 3. Für *ft* erscheint as. und mfränk. auch *ht:* z. B. *ahter* für *after, chraht* für *craft*.

§ 29 (150–154). h (germ. Gutturalspirant *χ*, got. *h*) ist ahd. und as. 1. stimmloser Spirant geblieben im Silbenschluß, also auslautend und vor Konsonant: *sah, lioht, wahsan;* 2. durch Lenierung im Wort- und Silbenanlaut früh Hauchlaut geworden (s. § 35 a) und a) als solcher vor Vokal erhalten: *hano, sëhan,* dagegen b) in den Anlautsverbindungen *hl, hn, hr, hw* im Ahd. in den ältesten Quellen noch erhalten, im 9. Jh. jedoch rasch verklingend. Im As. des 9. Jh.s ist das *h* dieser Anlautsverbindungen im ganzen bewahrt, besonders in Hel.-MC, während es später ebenfalls schwindet. Beispiele: *hlūt* (as. *hlūd*) > *lūt, hnīgan > nīgan, hring > ring, hwīz* (as. *hwīt*) > *wīz*.

Anm. 1. Als Bezeichnung des germ. stimmlosen Spiranten wird im Ahd. und As. in der Regel das einfache *h* verwendet; erst selten tritt ahd., besonders in späteren Handschriften, dafür die Schreibweise *ch* auf: *sach, liocht, wachsan*.

Anm. 2. In ahd. und as. Hss. wird bisweilen überschüssiges *h* geschrieben, sowohl im Wortanlaut (z. B. *huns* für *uns, hēra* für *ēra*), als auch im Wortinnern (z. B. ahd. *sāhan* säen, *bluohan* blühen, *stehic = steic*). – Andererseits wird auch einzeln *h* weggelassen, z. B. anlautend *ërro* für *hërro, andum* für *handum* und inlautend z. B. *sëan* für *sëhan, nāisto* für *nāhisto*. – Nicht eben selten steht *-th(-)* für *-ht(-): lieth* (neben *lieht*, Lb. 43), *druthin*. – Fortlassen des *h* ist besonders im As. nicht selten, wo später alle intervokalischen *h* schwinden (mnd. *sēn* aus as. *sëan, sëhan; slān* aus *slahan* usw.).

Anm. 3. Vor *s* + Kons. ist *h* geschwunden, z. B. ahd. *mist* (got. *maíhstus*), ahd. *zëswa* (got. *taíhswō*); as. *niusian*, ahd. *niusen* (got. *niuhsjan*); as. *wëslean* neben *wëhslean*, ahd. *wihslen, wislen*.

B. Die sonoren Konsonanten

a) Die Halbvokale

§ 30 (104–114). Der Halbvokal **w** wird in den Hss. meist durch *uu (uv, vu, vv)* gegeben, selten durch einfaches *u*, welches nur nach Konsonanten (*suarz* schwarz) oder vor *u* (*uuntar* Wunder) vorwiegend steht. Das Zeichen *w* wird erst seit dem 12. Jh. üblicher. Germ. *w* ist ahd. im allgemeinen erhalten: *uuër* Mann (got. *waír*), *huër, uuër*, as. *huē* (got. *hvas*), *duahan*, as. *thuahan* waschen (got. *þwahan*); – geschwunden ist im Ahd. *w* in den Anlautsverbindungen *wr, wl*: ahd. *rëhhan* verfolgen (got. *wrikan*, as. *uurëkan*), *ant-luzzi* (vgl. got. *wlits*, as. *uuliti* Antlitz); – im Auslaut eines Wortes oder einer Silbe wird *w* zum Vokal *o (u): sēo, sēu,* G. *sēuues* See, *spē(o)* zu *spīuuan* speien, *garo* bereit, G. *gar(a)uues*, dazu *garuuen*, as. *ger(e)uuian* bereiten, Praet. *garota*, as. *ger(e)uuida; mëlo* Mehl, G. *mëluues, zëso* recht, *zës(a)uua* die Rechte, *scato*, G. *scat(a)uues* (as. *skado*) Schatten.

Anm. 1. Das Mfr. hat anl. *wr, wl* (wie das Niederdeutsche) bewahrt, mfr. (mhd.) *wrëchen* = mnd. *wrëken*.

Anm. 2. Die Verbindung *kw (qu)* verliert spätahd. im Alem. ihr *w; quëdan*, N *chéden; quellen*, N *chélen*. Allgemein spätahd. ist *coman*, s. § 81, A. 1.

Anm. 3. Auslautend *o* für *w* fällt nach langem Vokal Mitte des 9. Jh.s ab: *sēo > sē, grāo > grā*.

Anm. 4. Inl. nach Konsonanten außer *r, l* ist *w* im Westgerm. meist geschwunden, z. B. ahd. as. *sëhan* (got. *saíhvan*), *singan* (got. *siggwan*), *ūhta* (got. *ūhtwō*).

Anm. 5. Inl. *w* nach langen Vokalen fällt bisweilen aus, z. B. *spīan* statt *spīwan, sinhiun* statt *-hīwun*. Nach Ausfall des *w* tritt öfter *h* als Zwischenlaut ein: ahd. *hīhun, ēha*, besonders as., z. B. D. Pl. *kneohon* (zu *kneo*), *brāwa* und *brāha* Braue. – Umgekehrt tritt *w* öfters als Übergangslaut zwischen Vokalen ein, z. B. ahd. *būwan, trūwēn* statt *būan, trūēn*.

Anm. 6. Geminiertes *w*, das sowohl germ. ist (= got. *ggw*), als westgermanisch vor *j* (§ 17), bildet im Ahd. mit dem kurzen Vokal der ersten Silbe einen Diphthong, z. B. *bliuwan* schlagen, geschr. *bliuuuan, bliuuan* (got. *bliggwan*), *scouwōn* schauen, geschr. *scouuuōn scouuōn* (seltener *scouōn*); *frauwen, frouwen* (d. i. westgerm. *fraw-wjan*) sich freuen, daneben mit einfachem *w* und Umlaut des *a: frewen, frewita*, Subst. *frewida* Freude; *gouwi* und *gewi* (G.

§ 31. Die Halbvokale: *j.* – § 32. 33. Liquidae u. Nasale: *l; r; m*   23

gouwes, gewes) Gau. – Ähnlich im As., wo jedoch ein im Ahd. fast ganz verwischter Wechsel zwischen *ëuu* und *iuu* (vor *i*) besteht: as. *hrëuuan* (ahd. *riuwan*) traurig sein, dazu Adj. *hrëuuag* und *hriuuig; trëuuua* Treue, *trëuhaft,* aber *triuuui* getreu; Pron. *ëu, ëuua* neben *iu, iuua*. Nach *a* im As. *skauwon, glau*, Pl. *glauuue* klug (got. *glaggwus*) mit Bewahrung des *au*-Diphthongs; dagegen mit Kontraktion zu *ō* und danebenstehendem Umlaut zu *ē* vor *j: strōidun* C, *strēidun* M zu **strējan* (ahd. *strouwen* streuen); *thrēgian* neben *thrōon* drohen (ahd. *drouwen*).

§ 31 (115–119). Der Halbvokal *j* wird in den Hss. durch *i* gegeben, inl. nach Konsonant auch durch *e* (bes. vor *a, o*); vor *i, e* wird ahd. meist *g* geschrieben. Im As. ist *g* für *j* noch weiter verbreitet; vor *a, o, u* steht oft *gi (ge)* für *j*: as. *gēr* und *iār, giāmar, giung, thologean*. Das germ. *j* ist ahd. (as.) anlautend erhalten, z. B. ahd. *ioh* (got. *juk*); *gëhan, gihu* (seltener *iëhan, iihu*). Praet. *iah, iāhum* bekennen. – Inlautendes *j* war sehr häufig in *j*-Suffixen nach Konsonanten, doch ist es im Ahd. vor folgendem Vokal schon seit dem 8. Jh. im Schwinden und verliert sich im 9. Jh., außer nach *r*, ganz; im Auslaut wird es zu Vokal *i*, z. B. *māri* (§ 59), aber *māreo, māro; kunni* Geschlecht, G. Pl. *cunneo, cunno* (got. *kuni, kunjis*); *minnia*, D. *minniu > minna, -u*.

Anm. 1. Inl. nach langem Vokal oder Diphthong steht *j* ahd. nicht selten, doch stehen daneben häufiger Formen ohne *j*, z. B. *fiant* und *fiiant* Feind, *ei*, G. *eies* und *eiies*, Pl. *eigir;* obd. Konj. *salbōie, -ōge* (§ 76, A. 1, b) neben *salbōe*.

Anm. 2. Im As. ist im 9. Jh. inl. *j* nach Kons. noch ziemlich regelmäßig vorhanden (z. B. *sundea, lēdian, willio*, D. Pl. *gestiun*), im Ahd. steht es nur in den ältesten Quellen etwas häufiger. Nur hinter *r* nach kurzem Vokal hat es sich erhalten. Noch im 10./11. Jh. *nerien (nergen, nerigen), swerien*. Im Alem. und Fränk. gehen daneben her Formen ohne *j* mit *rr (nerren, swerren),* das speziell ahd. ist, da westgerm. dieses *r* nicht geminiert wurde (§ 17). Auch in *winia (winiga)* Freundin hat sich *j* gehalten, seltener in *brunia* (neben *brunna* Brünne); vgl. auch *redia* bei O (neben *reda*, [got. *raþjō*] ohne Gemination).

Anm. 3. Im ältesten Ahd. (8. Jh.) ist *ja* in Nebensilben zu *e* geworden, z. B. Inf. schw. Verba I *fullen* (got. *fulljan*), Nom. Sg. *helle* (got. *halja*). Im 8./9. Jh. durch Ausgleichung zum Teil *-ia, -a* wiederhergestellt: *hellia, hella*.

b) Liquidae und Nasale

§ 32 (120–122). Germ.-got. *l* und *r* sind im Ahd. und As. unverändert erhalten, z. B. *lāzan*, as. *lātan* (got. *lētan*), *fallan* (got. *fallan*); *rëht* (got. *raihts*), *bëran* (got. *bairan*). Die Zahl der westg. *r* ist sehr vermehrt durch Übergang des germ.-got. *z > r* (ahd. as. *mēro*, got. *maiza*, s. § 16).

§ 33 (123–125). Germ.-got. *m* ist ahd., as. geblieben, z. B. *mih*, as. *mik* (got. *mik*), *gomo*, as. *gumo* (got. *guma*), ahd. got. *swimman*. – Auslautendes *m* geht ahd. Anfang des 9. Jh.s zu *n* über, aber nur wo es Flexionselement ist: ahd. D. Pl. *tagum > tagun;* 1. Pl. *nāmum > nāmun,* 1. Sg. *salbōm > salbōn;* dagegen *tuom* (G. *tuomes*), *ātum*, mhd. *ātem, nim* (Imp. zu *nëman*). Ebenso as.; doch haben die Hel.-Hss. MVP noch ziemlich viele auslautende *m* bewahrt: D. Pl. *wordum* neben *wordun*, 1. Sg. *bium* neben *biun*.

Anm. 1. Vor *f* wird statt älterem *m* seit dem 9. Jh. *n* geschrieben, bes. fränkisch, obd. bleibt *m* länger, z. B. *fimf* und *finf*, *kumft* und *kunft*. – Über as. Ausfall des *m* vor *f* s. § 34, A. 3.

§ 34 (126–128). Germ.-got. **n** bleibt ahd. und as. unverändert. Vor Gutturalen bezeichnet es gutturalen Nasal; z.B. ahd. *nëman*, as. *niman* (got. *niman*), *singan* (got. *siggwan*).

Anm. 1. Vor Labial wird öfter *m* statt *n* geschrieben, z. B. ahd. *ummaht*, *imbīzan* für *unmaht*, *inbīzan;* as. *umbitharbi*.

Anm. 2. Schon in germanischer Zeit ist *n* geschwunden vor χ unter Dehnung des vorhergehenden Vokals, z. B. ahd. as. *fāhan* (< *fanχan*), Praet. *fiang*, as. *feng* (§ 85, A. 1); *dūhta*, as. *thūhta*, Praet, zu *dunken*, as. *thunkian;* *dāhta* (as. *thāhta*, got. *þāhta*) zu *denken* (§ 89, A. 3).

Anm. 3. Im As. (Anglofries.) schwinden *n* und *m* auch vor *f, d, s* unter Dehnung des vorhergehenden Vokals (über *an* > *ō*, *ā* s. § 3, A. 6): z. B. *fīf* (got. *fimf*), *hāf* (got. *hamfs*); *ōder* (got. *anþar*), *fīdan* (got. *finþan*), *kūđian* (got. *-kunþjan*); *ūs* (got. *uns*), *fūs* bereit (ahd. *funs*). Vor sekundärem *s* bleibt *n* (as. *kunst, anst* usw.). Das Anfrk. hat wie das Ahd. die Nasale bewahrt (anfrk. *cunden, findan, uns* usw.).

Anhang

§ 35 (100–102). Grammatischer Wechsel heißt die Erscheinung, daß in Wörtern desselben Stammes vielfach die urgerm. harten Spiranten *s*, *þ*, *f*, χ mit den erweichten Spiranten *z*, *đ*, *ƀ*, γ wechseln. Diesem urgerm. Wechsel entspricht im Ahd. der Wechsel zwischen *s, d, f, h* und *r, t, b, g*; z. B. *kiosan* wählen, *kuri* Wahl, *korōn* prüfen; – *snīdan* schneiden, *snita* Schnitte, *snitari;* – *ziohan* ziehen, *zuht, zug, zogōn* ziehen; – *durfan* (§ 93), *durft, darbēn* darben, *biderbi* brauchbar. Innerhalb der Flexion ist der Wechsel nur noch beim st. Verbum vorhanden: *kiosan – kurum, gikoran; snīdan – snitum, gisnitan; ziohan – zugum, gizogan; heffen – huobum, gihaban*. Über die häufigen Ausgleichungen vgl. § 77, A. 2.

Anm. 1. Zur Erklärung dieses auf Verners Gesetz begründeten Wechsels s. Helms Formulierung dieses Gesetzes in W. Braune, Gotische Grammatik [12ff]. § 50a, A. 2.

Anm. 2. Neben *h–g* steht ein Wechsel *h–w*, der auf altes χw–γw > *w* zurückgeht, z. B. *aha* (got. *aƕa*) Fluß – *auwia, ouwa* Aue; *līhan* (got. *leiƕan* < idg. *leiku̯o-*) – *liwun* § 78, A. 2.

Anm. 3. Im As. ist der gramm. Wechsel in der Labialreihe durch die allgemeine Erweichung des germ. *f* (§ 28) verwischt (vgl. *thurƀan* und *tharƀon*). Dagegen wechseln *s, d, h* mit *r, d, g* (*w*): z. B. *kiosan – gikoran; fīdan – fundun, gifundan*, sw. Verbum *fundon; līdan* gehen – *lēdian* führen; *slahan – gislagan – slegi* m. der Schlag; *sëhan – sāwun, gisëwan, siun* f. Gesicht. Doch ist der Wechsel in der Verbalflexion schon vielfach durch Ausgleichung verwischt, besonders in der Dentalreihe: z. B. zu *wërdan, ward* auch *wurdun* und daneben *wërdan, ward, wurdun*.

§ 35 a (102 a). Von der Mitte des 8. Jh.s an läßt sich eine **Lenierung** der germ. harten Spiranten *(s)*, *þ*, *f*, *χ* erkennen. Sie zeigt sich wohl am frühesten im Übergang von germ. anlaut. u. intervokal. *χ* zum Hauchlaut *h* und in dem von germ. *þ* > *d*, vielleicht etwas später in der Schreibung *v*, *u* für germ. *f* (§§ 29. 27. 28). Für germ. *s* läßt sich wegen der durchgehenden Schreibung *s* die Lenierung für das Ahd. nicht erweisen (§ 26).

§ 36 (103). **Notkers Anlautgesetz.** Bei N steht anlautend *d* (aus *þ*), *b*, *g* nach Sonoren (Vokal und *l*, *r*, *n*, *m*), dagegen *t*, *p*, *k* nach stimmlosen Konsonanten und im Satzanfange; also *Ter brûoder – únde des prûoder; Tes kóldes – únde demo gólde; in díh – únde daz tíh;* Kompos. *himilbûwo; – érdpûwo; fíurgót – érdcót.*

Anm. 1. Anlautend *v* steht (neben *f*) bei N nur nach Sonoren, im übrigen muß *f* stehen: *ih fínde*, aber *tu víndest* und *tu fíndest*.

Anm. 2. Auf ahd. *t* (= westg. *d*) erstreckt sich der Wechsel nicht: also *ih tûon* und *tu tûost* (nicht *dûost*). Nur nach *n* steht nicht selten *d* statt *t*, also *der tág*, aber *den tág* oder *den dág*, vgl. § 23, A. 2.

FORMENLEHRE

I. DEKLINATION

Kap. I. Deklination der Substantiva

A. Vokalische (sog. starke) Deklinationen

1. Die a-Deklination

§ 37 (192g). Die *a*-Deklination enthält nur Maskulina und Neutra. Man unterscheidet reine *a*-Stämme, *ja*-Stämme und *wa*-Stämme.

a) Reine *a*-Stämme (193–197)

§ 38: Maskulina: *tag* Tag.

	ahd.	mhd.	as.	got.
Sg. N.	tag	tac	dag	dags
G.	tages (-as)	tages	dages, -as	dagis
D.	tage (-a)	tage	dage, -a	daga
A.	tag	tac	dag	dag
I.	tagu, -o	–	dagu (-o)	V. dag
Pl. N.	taga (-â *N*)	tage	dagos (-as)	dagōs
G.	tago	tage	dago	dagē
D.	tagum, -om; -un, -on	tagen	dagun, -on	dagam
A.	taga (-â *N*)	tage	dagos (-as)	dagans

Wie *tag* gehen die meisten Maskulina, z. B. ahd. *bërg, wëg, fisk* Fisch, *geist* (as. *gēst*), *(h)leib* Brot, *stein;* mehrsilbige, z. B. *fingar* Finger, *fogal* (as. *fugal*) Vogel, *dëgan* Krieger, *himil* Himmel, *truhtīn* Herr, *kuning* König.

Anm. 1. (195). Die auf Konsonant endigenden männlichen Eigennamen flektieren wie *tag*, nur haben sie im Acc. Sing. die Endung *-an*, z. B. *Hartmuotan, Werinbrahtan;* auch fremde Namen: *Petrusan* (und *Petrum*). Auch zu *truhtīn* Herr (als Name Gottes), Acc. *truhtīnan* (neben *truhtīn*).

Anm. 2. Im As. ist im D. Pl. hier und in den übrigen Deklinationsarten noch öfter die ältere Form auf *m* bewahrt (*dagum, wordum* usw.); vgl. § 33. - Die as. Form des N. Pl. auf *-os* auch Hild. 6: *helidos*.

Anm. 3. Der I[nstrumental] zum Ausdruck des Mittels (vgl. Lat. *igni* 'mit Feuer') ist ahd., as. nur noch im Singular einiger Deklinationsklassen, bei den beiden Demonstrativ- und dem Interrogativpronomen vorhanden, und auch da zum Teil nur spärlich belegt. Der Kasus wird durch präpositionale Wendungen mit dem Dativ schließlich ganz verdrängt.

§ 39. Neutra: *wort* Wort (as. langsilbig *word*, kurzsilbig *fat* Faß).

	ahd.	mhd.	as.	got.
Sg. NA.	wort	wort	word	waúrd
G.	wortes (-as)	wortes	wordes, -as	waúrdis
D.	worte (-a)	worte	worde, -a	waúrda
I.	wortu, -o	–	wordu (-o)	–
Pl. NA.	wort	wort	word fatu	waúrda
G.	worto	worte	wordo fato	waúrdē
D.	wortum, -om; -un, -on	worten	wordun fatun, -on	waúrdam

Nach *wort* gehen sehr viele ahd. Neutra, z. B. *barn* Kind, *fël* (G. *fëlles*) Fell, *jār*, *sēr* Schmerz; mehrsilbige, z. B. *zeichan* (as. *tēkan*) Zeichen, *zuīval* Zweifel, *houbit* (as. *hōbid*) Haupt; im Fränkischen die Diminutiva auf *-līn*, *-īn* z. B. *kindilīn* Kindlein, *magatīn* Mägdlein. – Im As. sind die lang- und kurzsilbigen Neutra im NA. Pl. geschieden, da die alte Endung *-u* (< germ. *ō*) nach langer Silbe abfiel, nach kurzer aber erhalten blieb. Das Ahd. hat die endungslose Form der langsilbigen Neutra allgemein durchgeführt, doch s. A. 1.

Anm. 1. (196, A. 3). Im Oberdeutschen haben die Diminutiva in endungslosen Kasus meist das *n* verloren; außerdem endet im Alem. der N. A. Pl. meist auf *-iu*, dessen *-u* die Endung des NA. Pl. der alten kurzsilbigen Neutra ist. Ebenso oberd. *chussī* (fränk. *kussīn*) Kissen, *pecchi* (O *bekīn*) Becken, *endī* Stirn. Also oberdeutsch:

Sg. NA. chindilī (-līn)
   G. chindilīnes
   D. chindilīne

Pl. NA. chindilī (-līn), *alem.* chindiliu
   G. chindilīno
   D. chindilīnum, -un, -on.

Anm. 2. (197). Einige Neutra, die im Sing. wie *wort* gehen, bilden ahd. den Plur. auf *-ir* (mhd. *-er*), das ursprünglich keine Endung, sondern stammbildendes Element (idg. *es* > germ. *iz*) ist; z. B. von *lamb* (Lamm):

ahd.	mhd.
Pl. NA. lembir	lember
G. lembiro	lember(e)
D. lembirum, -un, -on	lember(e)n

Wie *lamb* gehen stets *kalb*, *huon* Huhn, *(h)rind* Rind, *ei* (Pl. *eigir*), *(h)ris* Reis, *blat* (Pl. *bletir*); *farh* Ferkel. Andere haben am *ir*-Plural neben dem einfachen, z. B. *hol* Höhle, *loub* Laub, *brët*, *fëld*, *hūs* (also Pl. N. A. *hūs* und *hūsir*). Erst spätmhd. und frühnhd. beginnt die Zahl der *-er*-Plurale anzuschwellen. Das *-ir* wirkt Umlaut, wo es möglich ist (mhd. *huon* – *hüener*), aber *ë*, *o*, der Wurzelsilbe erscheinen vor *-ir* meist nicht als *i*, *u*: *fëldir*, *holir* (doch findet sich *pritir* neben *brëtir* zu *brët* und *luchir* neben *lochir* zu *loh* Loch).

Einzelne Singularformen mit *-ir*, *-ar* in Rb. G. Sg. *rindares*, D. Sg. *chalbire*.

Im As. ist diese Pluralbildung selten, sie begegnet im Hel. gar nicht (N. A. Pl. *lamb*); nur G. Pl. *eiero*, *hōnero* in der Freckenhorster Heberolle.

b) *ja*-Stämme (198–202)

§ 40. Maskulina: *hirti* Hirt (got. langsilbig *haírdeis*, kurzsilbig *harjis* Heer).

§ 40. 41. *ja*-Stämme

	ahd.	mhd.	as.	got.
Sg. N.	hirti	hirte	hirdi	haírdeis, harjis
G.	hirtes	hirtes	hirdies, -eas	haírdeis, harjis
D.	(hirtie); **hirte**	hirte	hirdie, -ea	haírdja
A.	hirti	hirte	hirdi	haírdi
I.	hirtiu; **hirtu**, -o	–	hirdiu	V. haírdi
Pl. N.	hirte; **hirta** (-ā)	hirte	hirdios	haírdjōs
G.	hirteo; -io; **hirto**	hirte	hirdio, -eo	haírdjē
D.	hirtum, -un; -im, -in	hirten	hirdiun; -ion, -eon	haírdjam
A.	hirte; **hirta** (-ā)	hirte	hirdios	haírdjans

Nach *hirti* gehen ahd. nur wenige einfache Wörter, wie *(h)rucki* Rücken, *hueizzi*, *weizi* (as. *huēti*) Weizen, *hirsi* Hirse, das Fremdwort *kāsi* Käse; die Hauptmasse bilden die abgeleiteten auf *-āri* (bes. fränkisch auch *-ari*, *-eri*, *-iri*), mhd. *-œre*, z. B. *wahtāri*, mhd. *wahtœre* Wächter; *buochāri*, *buoheri* (T; as. *bōkeri*) Schriftgelehrter; *leitāri*, *leitiri* (O) Führer, *hëlfāri* Helfer.

Anm. 1. Die gesperrt gedruckten Formen sind die im Ahd. des 9. Jhs. herrschenden; die ihnen voranstehenden gehören nur den ältesten Quellen an. Zu N. A. Pl. *hirte* vgl. § 31, A. 3.

Anm. 2. Im As. gehen wie *hirdi* noch einige weitere einfache Wörter: so *heri* (got. *harjis*) Heer, *endi* (got. *andeis*) Ende, die im Ahd. Neutra geworden sind.

§ 41. Neutra: *kunni* Geschlecht, got. *kuni*, as. *kunni*, daneben *bed* Bett.

	ahd.	mhd.	as.	got.
Sg. NA.	kunni	künne	kunni, bed	kuni
G.	kunnes	künnes	kunnies, -eas	kunjis
D.	(kunnie); **kunne**	künne	kunnie, -ea	kunja
I.	kunniu; **kunnu**, -o	–	kunniu	–
Pl. NA.	**kunni**; (kunniu)	künne	kunni	kunja
G.	kunneo, -io; **kunno**	künne	kunnio, -eo	kunjē
D.	kunnim, -in (-um, -on)	künnen	kunniun, -eon	kunjam

Nach *kunni* gehen im Ahd. sehr viele Neutra, z. B. *nezzi* (got. *nati*, as. *net*) Netz, *betti* (as. *bed*) Bett, *rīchi* (as. *rīki*) Reich, *wīzi* (as. *wīti*) Strafe; mehrsilbige wie *ārunti* Botschaft, *hīwiski* Familie; besonders viele auf *-nissi* (*wārnissi* Wahrheit u. a.) und Kollektiva mit Praef. *gi-* (*gibirgi* Gebirge, *giwāti* Kleidung, *gisindi* Gefolgschaft usw.). – Über as. NA. Sg. *kunni*: *bed* s. A. 2.

Anm. 1. (202). Während im Ahd. schon im 9. Jh. die (oben gesperrt gedruckten) Formen ohne *j* die herrschenden sind, haben die Neutra *heri* Heer (got. *harjis* mask.) und *beri* Beere (got. *basi*) noch im 9./10. Jh. regelmäßig *j*-Formen (vgl. § 31, A. 2), also Sg. G. *heries*, *peries*, D. *herie*, *herige*; Pl. G. *herio*. Dagegen kommen von *meri* Meer nur Formen ohne *j* (G. D. Sg. *meres*, *mere*) vor. – Der NA. Pl. auf *-u* ist sehr selten und kommt nur in T häufiger vor.

§ 42. *wa*-Stämme. – § 43. *ō*-Stämme

Anm. 2. Im As. haben einige wenige ursprünglich kurzsilbige Neutra im N. A. Sg. kurze Formen, wie *bed (bedd), net, flet* (ahd. *flezzi*) Haus, *giwit* (ahd. *giwizzi*). In allen übrigen Kasus gehen sie aber wie *kunni*: z. B. G. *gewitteas*, D. *flettie*, Instr. *beddiu;* N. A. Pl. *netti*, G. *gewitteo*, D. *beddion*. Auch im N. A. Sg. ist bei manchen daneben die regelmäßige Form *(beddi, netti, gewitti)* belegt.

c) *wa*-Stämme (203–205)

§ 42. Maskulina: *(h)lēo* Grabhügel; Neutra: *horo* Schmutz (mhd. *lē, lēwes; hor, horwes*). Vgl. § 15a, b; § 30.

mask.	neutr.
Sg. NA. hlēo, lēo, lē	horo
G. hlēwes	horwes; horawes (horowes, horewes)
D. hlēwe	horwe; horawe (horowe, horewe)
Pl. NA. hlēwa (-ā)	horo
G. hlēwo	horwo; horawo
D. hlēwum, -un, -on	horwum; horawum; -un, -on

Weitere Beispiele dieser wenig zahlreichen Klasse: a) Mask. *snēo, snē* Schnee, *sēo, sē* See, *bū*, G. *būwes* Bau, Wohnung; *balo*, G. *balwes, balawes* Bosheit, *scato* Schatten. – b) Neutra *(h)rēo, rē* Leichnam, *knëo, knio*, G. *knëwes, kniwes* (got. *kniu*, G. *kniwis*) Knie, *tou*, G. *touwes* Tau, *mëlo*, G. *mëlwes, mëlawes* Mehl, *smëro* Schmer, *trëso* Schatz, *zëso* rechte Seite.

Anm. 1. Im As. flektieren diese Wörter entsprechend: z. B. Mask. N. A. *sēo, sēu (sē)*, G. *sēwes, -as* usw., Neutr. N. A. *balu*, G. *balowes*.

2. Die *ō*-Deklination (206–212)

§ 43. Diese Klasse enthält nur Feminina. Neben den reinen *ō*-Stämmen gibt es auch *jō*- und *wō*-Stämme. Letztere flektieren jedoch ganz wie die reinen *ō*-Stämme, mit denen auch die Flexion der *jō*-Stämme gemeinahd. übereinstimmt. Für die reinen *ō*-Stämme ahd. *gëba* Gabe, got. *giba*.

	ahd.	mhd.	as.	got.
Sg. NA.	gëba	gëbe	gëba, -e; sundia, -ea	giba
G.	gëba (gëbu, -o)	gëbe	gëba	gibōs
D.	gëbu, -o	gëbe	gëbu (-o, -a)	gibai
Pl. NA.	gëbā	gëbe	gëba	gibōs
G.	gëbōno (gëbôn *N*)	gëben	gëbono	gibō
D.	gëbōm, -ōn, -on	gëben	gëbun, -on	gibōm

Nach *gëba* gehen sehr viele Feminina, z. B. *lēra* Lehre, *zala* Zahl, *zāla* Gefahr, *wamba* Leib, *slahta* Gattung; die Wörter auf *-unga*, z. B. *manunga* Mahnung, Adjektivabstrakta auf *-ida* (gleichwertig mit denen auf *-ī* § 52), z. B. *(h)reinida* Reinheit, *beldida*, obd. *paldida*, Kühnheit, *gimeinida* Gemeinsamkeit usw.; *wō*-Stämme: *triuwa* Treue, *farawa* Farbe.

Anm. 1. Die *jō*-Stämme gehen nach Verlust des *j* seit dem 9. Jh. im Ahd. gerade wie *gëba;* nur am Umlaut, wo dieser eintreten kann, oder an Konsonantenverdoppelungen sind noch die Wirkungen des früher vorhandenen *j* zu erkennen; im As. des 9. Jh.s ist dagegen das *i (e)* noch stets erhalten. Beispiele: *reda* § 31, A. 2 (as. *redia*) Rede, *hella* (as. *hellea*, got. *halja*) Hölle, *brucca* (mhd. *brücke*) Brücke, *sunta* (mhd. *sünde*, as. *sundia*) Sünde, *unda* (mhd. *ünde*) Welle, *sippa* (as. *sibbia*, got. *sibja*) Sippe, *minna* (as. *minnea*) Liebe, Abstrakta auf *-nissa* (z. B. *drinissa*). – In alten Quellen des 8. und 9. Jh.s finden sich jedoch bei diesen Wörtern auch ahd. noch häufig Formen mit *j (e, i),* z. B. N. Sg. *radia, redia, sipbea* (Is.), D. Sg. *helliu, minniu,* G. Pl. *sunteōno,* D. Pl. *sunteōm;* in den ältesten Quellen steht statt *ia, ea* noch die Endung *e* (s. § 31, A. 3), z. B. *prucge* Voc., *unde* Pa.; so daß also im N. A. G. Sing. *sunte; suntea, -ia; sunta,* im N. A. Pl. *sunte; sunteā, -iā, suntā* die zeitlich aufeinanderfolgenden Formen sind.

Anm. 2. Im N. Sg. kommen ahd. in alten Quellen vereinzelt Formen ohne Endung vor: *chimeinidh* (Is.) Gemeinschaft, *scauwunc, samanunc* B; geblieben ist dieser kurze Nom. in *buoz, stunt, wis, (h)wil, halb,* aber nur in formelhaftem oder adverbialem Gebrauch für alle Kasus, neben regelrecht flektiertem *buozza, stunta, wisa, (h)wila, halba.* – Fest geworden ist der kurze Nom. bei *thiu, diu* Magd (got. *þiwi, þiujōs*), G. Sg. *diuwa,* daneben nach der *i*-Dekl. G. D. Sg. *thiuwi.* Endungslos ist ferner der Nom. der hierher gehörenden Frauennamen wie *Brunihilt, Hiltigund,* G. Sg. **Bruniḥiltia,* mhd. *Brünhilde.* Endlich haben auch die sog. movierten Feminina wie *kuningin* Königin, *gutin* Göttin, *esilin* Eselin im Ahd. nur den kurzen Nom., dazu G. Sg. *kuninginna,* D. Sg. *kuninginnu* usw. wie *gëba.* Spätahd. kommt auch der N. Sg. *kuninginna* auf, wie andererseits der N. *kuningin* später in andere Kasus dringt, so daß mhd. schließlich zwei Flexionen entstehen: *diu küneginne* und (mit Dehnung des *in > in*) *diu künegin.* – Der N. A. Pl. endet in altalem. Quellen nicht eben selten auf *-o: kebo* = *gëbā* usw.

Anm. 3. Auch im As. kommen einige Formen des N. (A.) Sg. ohne Endung vor. Bei den reinen *ō*-Stämmen häufiger nur N. A. *thiod* (Volk) neben *thioda:* nach *thiod* haben sich in einigen Kasus Formen der *i*-Dekl. eingestellt (D.Sg. *thiod, thiedo* neben *thiodu, -o,* G. Pl. stets *thiodo*). Außerdem *tharf, half.* – Bei den *jō*-Stämmen sind außer den seltenen movierten Fem. auf *-in* noch zu nennen: *thiu* (Magd) und *hell* (Hölle) neben *hellia.* Letzteres auch nach der *i*-Dekl. D. Sg. *helli* und *hell,* und Mask. *thena hell.*

3. Die *i*-Deklination (214–220)

§ **44.** Die *i*-Dekl. enthält Maskulina und Feminina. Die im Ae. und As. vorhandene besondere Flexion der kurzsilbigen Stämme, welche die Endung *-i* (ae. *-e*) im N. A. Sg. bewahren (Mask. as. *seli,* ae. *sele* Saal, *wini* Freund; Fem. as. *stedi* Ort, gegenüber Mask. as. *gast,* ae. *ʒiest* Gast, Fem. as. *anst* Gunst) ist im Ahd. nur noch in wenigen Resten erhalten. Die normale ahd. *i*-Dekl. ist die ursprüngliche Flexion der langsilbigen Stämme; s. § 45, A. 2. Die Mask. sind im Sg. in die *a*-Dekl. übergetreten.

§ **45.** Maskulina: *gast* Gast; Feminina: ahd. *anst* Gunst, mhd. *kraft* Kraft; as. *dād* (ahd. *tāt*) Tat, *wërold* Welt.

§ 45. *i*-Stämme

Mask.	ahd.	mhd.	as. (langsilbig)	got.
Sg. N.	gast	gast	gast	gasts
G.	gastes	gastes	gastes, -as	gastis
D.	gaste	gaste	gaste, -a	gasta
A.	gast	gast	gast	gast
I.	gestiu, gastu	–	(kraftu)	V. gast
Pl. N.	gesti	geste	gesti	gasteis
G.	gesteo, -io, gesto	geste	gestio, -eo	gastē
D.	gestim, -in; -en	gesten	gestiun; -ion, -eon	gastim
A.	gesti	geste	gesti	gastins

Fem.	ahd.	mhd.	as.	got.
Sg. N.	anst	kraft	dād	ansts
G.	ensti	krefte; kraft	dādi; wëroldes	anstais
D.	ensti	krefte; kraft	dādi; wërolde	anstai
A.	anst	kraft	dād	A.V. anst
Pl. N.	ensti	krefte	dādi	ansteis
G.	ensteo, -io; ensto	krefte	dādio, -eo	anstē
D.	enstim, -in; -en	kreften	dādium; -ion, -eon	anstim
A.	ensti	krefte	dādi	anstins

Wie *gast* gehen im Ahd. ziemlich viele Maskulina, z. B. *liut* Volk, Pl. *liuti* Leute, *bah*, Pl. *bechi* Bach, *slag*, Pl. *slegi*, Schlag, *aphul*, Pl. *ephili* Apfel u. a. – Die Zahl der im Ahd. wie *anst* gehenden Feminina ist sehr groß, z. B. *huf*, G. *huffi* Hüfte, *hūt* Haut, *stat* Ort, *jugund* Jugend; zahlreiche Abstrakta mit *-scaf* (spätahd. *-scaft*): *lantscaf*, G. *lantskeffi* (*lántscáft* N), *botascaf* usw., besonders aber viele Verbalabstrakta auf *-t*: *gift* Gabe, *fart*, *tāt*, *bluot* Blüte, *fluht*, *giburt* u. a.

Anm. 1. Der Umlaut des *a* > *e* (§ 3) ist im Ahd. durchgeführt. Bei N nach § 10 auch schon *hût*, G. D. *hiute*.

Anm. 2. Die *i*-Stämme mit kurzer Wurzelsilbe, die im N. A. Sg. das End-*i* bewahren sollten, haben dasselbe im Ahd. meist nach Analogie der Langsilbigen eingebüßt, also Mask. ahd. *biz*, *slag*, *sal* = as. *biti*, *slegi*, *seli*; Fem. ahd. *stat* = as. *stedi*. – Doch sind auch im Ahd. noch die echten Formen des N. A. Sg. vorhanden bei den Mask. *wini* Freund, *risi* (as. *wrisi*) Riese, *quiti* (as. *quidi*) Ausspruch, *-kumi* Ankunft, bei den Fem. *turi* Tür und *kuri* Wahl. Alle übrigen Kasus bilden sie wie *gast*, bez. *anst*.

Anm. 3. Deklination der as. kurzsilbigen Maskulina: *hugi* Sinn:

Sg. NA. hugi	Pl. NA. hugi (-ios)
G. huges (-ies)	G. hugio, -eo
D. hugi (-ie, -ea)	D. hugium; -ion, -eon
I. hugi, hugiu	

Als kurzsilbiges Fem. kommt nur *stedi* (ahd. *stat* Ort) häufiger vor: Sg. NA. G. D., Pl. N. A.: *stedi*. – Kurzsilbige Neutra sind: *meni* Schmuck, *urlagi* Schicksal und einige Komposita auf *-skepi*, *-skipi* (z. B. *heriscepi* Volk), die wie *hugi* gehen.

4. Die u-Deklination (220a–220e)

§ 46. Die *u*-Deklination ist im Ahd. (und As.) nur in wenigen Trümmern erhalten: einige kurzsilbige Maskulina und ein Neutrum zeigen in einzelnen Kasus noch *u*-Formen. Langsilbige, die lautgesetzlich im N. A. Sg. das *-u* verloren, sind in die *i*-Deklination übergetreten; z. B. die Mask. *skilt* Schild, *arn*, Pl. *erni* Adler, *wirt* (as. *wërd*, Pl. *wërdos*, s. § 4), *heit* Wesen, Weise; die Fem. *fluot* Flut, *lust*; einige wie *dorn* (got. *þaúrnus*) folgen der *a*-Deklination.

Anm. 1. Das Fem. *hant* (got. *handus*), ursprünglich wohl nicht wie im Got. ein *u*-Stamm, sondern konsonantisch, geht ahd. nach der *i*-Dekl.; nur im D. Pl. hat es noch regelmäßig *hantum*, *-un*, *-on* (as. N. A. Pl. *hendi*, G. Pl. *hando*, D. *handun*), nur selten erst *hentin*; noch mhd. *handen* (neben *henden*).

Anm. 2. Das Mask. *fuoz* (got. *fōtus*, as. *fōt*) geht ahd. nach der *i*-Dekl., doch hat es neben D. Pl. *fuozim*, *-in* auch noch *fuozum*, *-un*, *-on* (as. G. Pl. *fōto*, D. *fōtun*). Das Wort gehörte früher nicht der *u*-Dekl. an (s. § 55).

§ 47. Kurzsilb. ahd. (as.) Maskulina haben, außer *lid* Glied, im N. A. Sg. noch die *u*-Formen erhalten: *situ* Sitte (as. *sidu*), *fridu* Friede (as. *fridu*), *hugu* Sinn, *sigu* Sieg, *witu* Holz, *mëtu* Met, *sunu* Sohn (as. *sunu*, *suno*), wozu im As. noch *magu* (Knabe) kommt. In den übrigen Kasus herrscht im Ahd. durchaus die *i*-Dekl., also von *situ*: G. *sites*, D. *site*, I. *sit(i)u*, Pl. N. A. *siti*, G. *siteo*, D. *sitim*, *-in*. Bei *sunu* ist das *u* nur in einigen alten fränk. Quellen vorhanden: gemeinahd. geht auch *sun* völlig nach der *i*-Dekl. – Doch kommen in den ältesten Quellen noch weitere *u*-Kasus vor, aus denen sich folgendes Bild der ältesten ahd. *u*-Dekl. ergibt:

	ahd.	as.	got.
Sg. N.	sunu, -o	sunu, -o	sunus
G.	sunō	sunies, -eas	sunaus
D.	suniu (suni)	sunu, -o; sunie (-i)	sunau
A.	sunu, -o	sunu, -o	sunu
V.	–	–	sunu, sunau
Pl. N.	–	megi	sunjus
G.	–	hando	suniwē
D.	hantun	handun	sunum
A.	situ (O. IV 5, 59)	megi	sununs

Anm. 1. Im Mhd. ist die Flexion von *site*, *mëte*, *fride*, *sige* mit der Flexion von *hirte* (§ 40) zusammengefallen.

§ 48. Das einzige Neutrum *fihu*, *fëho* (§ 4), as. *fëhu* Vieh flektiert im Sing.:

	ahd.	as.	got.
NA.	fihu, -o, fëho	fëhu, -o	faíhu
G.	fëhes	fëhes, -as	faíhaus
D.	fëhe	fëhe, -o	faíhau
I.	–	fëho	–

n-Stämme (schwache Deklination): § 49. Maskulina. § 50. Neutra

Anm. 1. Vom Pl. findet sich bei Notker N. A. *fëho*, in Rb *fihiu;* as. und got. fehlen Pluralformen.

Anm. 2. Unflektiertes Neutrum ist ahd. as. *filu* 'Vielheit, das Viele'.

B. Konsonantische Deklinationen

1. Die *n*-Stämme: sog. schwache Deklination (221–227)

§ 49. Maskulina: *hano* Hahn.

	ahd.	mhd.	as.	got.
Sg. N.	hano	han(e)	hano (-a)	hana (aba)
G.	hanen, hanin	hanen	hanon, -an; -en	hanins
D.	hanen, hanin	hanen	hanon, -an; -en	hanin
A.	hanon, hanun	hanen	hanon, -an	hanan
Pl. NA.	hanon, hanun	hanen	hanon (-un)	hanans (abans)
G.	hanōno (-ôn *N*)	hanen	hanono	hananē (abnē)
D.	hanōm, -ōn	hanen	hanon (-un)	hanam (abnam)

Wie *hano* gehen sehr viele Mask., z. B. *haso* Hase, *scado* Schaden, *bëro* Bär, *sāmo* Samen, *namo* Name, *gomo* Mann, *bës(a)mo* Besen; Nomina agentis wie *gëbo* Geber, *sprëhho* Sprecher, *boto* Bote, *herizoho, -zogo* Herzog u. a., dazu die Maskulina des schwachen Adjektivs (§ 61).

Anm. 1. Bildungen mit *j*-Suffix weichen in der Flexion nicht ab. Sie haben im As. das *j (i, e)* meist bewahrt (as. *willeo, -io*). Im Ahd. ist dies nur in den alten Quellen der Fall, z. B. *willeo, -io;* G. D. *willen, -in;* A. Sg., N. A. Pl. *willeon, -ion, -iun* Wille, *arbeo, erbio* der Erbe, *scephio* Schöpfer, *burgeo* Bürge; vom 9. Jh. ab geht das *j* verloren, so daß man nur noch im Umlaut oder in der Konsonantenverdoppelung seine Spur erkennen kann: *willo, erbo, scepho, burgo* (mhd. *bürge*). Nur bei kurzsilbigen auf *r* (*ferio, ferigo* Ferge, *scerio* Scherge) hält sich das *j* (vgl. § 31, A. 2).

Anm. 2. Im G. D. Sg. ist ahd. *-en* die fränkische, *-in* die oberdeutsche Endung. Letztere wirkte ursprünglich Umlaut, vereinzelt in sehr alten Quellen noch *henin, nemin, scedin* usw.; doch wurde später der Umlaut wieder beseitigt. Vom 10. Jh. ab (N) ist auch oberd. *-in* zu *-en* geworden. – Im As. ist neben den überwiegenden *-on* die Form *-an* in Hel.-M, die Form *-en* in C herrschend.

Anm. 3. Im Ahd. A. Sg., N. A. Pl. ist *-on* die im Fränk., *-un* die im Oberd. vorherrschende Endung. – Im As. ist *-on* die Normalform des A. Sg., *-an* findet sich häufiger im schw. Adj.; im N. A. Pl. ist neben *-on* nur bei den Adj. die Endung *-un* nicht selten.

§ 50. Neutra: *hërza* Herz.

	ahd.	mhd.	as.	got.
Sg. NA.	hërza	hërze	hërta, -e	haírtō (namō)
G.	hërzen, hërzin	hërzen	hërton, -an; -en	haírtins
D.	hërzen, hërzin	hërzen	hërton, -an; -en	haírtin
Pl. NA.	hërzun	hërzen	hërtun, -on	haírtōna (namna)
G.	hërzōno (-ôn *N*)	hërzen	hërtono	haírtanē (namnē)
D.	hërzōm, -ōn	hërzen	hërton, -un	haírtam (namnam)

Wie *hërza* gehen ahd. nur noch *ouga* (as. *ōga*) Auge, *ōra* Ohr, *wanga* Wange, *thiu hīwun (hīun)* Pl. die Ehegatten (Sing. *hīwo* m., *hīwa* f.). Dazu die Neutra des schwachen Adjektivs (§ 61).

Anm. 1. Für die Formen des G. D. Sg. im Ahd. und As. gilt das § 49, A. 2. Bemerkte.

Anm. 2. Von *hërza* lautet im Ahd. der N. A. Pl. öfter (= dem Sg.) *hërza*. Auch *ouga* kommt vereinzelt als N. A. Pl. vor. Die regelmäßige Form des N. A. Pl. auf *-un* wird nur selten durch *-on* ersetzt, auch fränk. (vgl. § 49, A. 3) ist *hërzun* die Normalform des 9. Jh.s. – Im as. N. A. Pl. ist *-un* häufiger als *-on* (auch in C).

§ 51. Feminina: *zunga* Zunge.

		ahd.	mhd.	as.	got.
Sg.	N.	zunga	zunge	tunga, -e	tuggō
	G.	zungūn	zungen	tungun, -on	tuggōns
	D.	zungūn	zungen	tungun, -on	tuggōn
	A.	zungūn	zungen	tungun, -on	tuggōn
Pl.	NA.	zungūn	zungen	tungun, -on	tuggōns
	G.	zungōno (-ôn N)	zungen	tungono	tuggōnō
	D.	zungōm, -ōn	zungen	tungon, -un	tuggōm

Wie *zunga* gehen ahd. sehr viele Feminina, z. B. *sunna* Sonne, *quëna* Frau, *diorna* Mädchen, *wituwa* Witwe usw., dazu die Feminina des schwachen Adjektivs (§ 61).

Anm. 1. Bildungen mit *j*-Suffix haben im As. das *j* noch regelmäßig (z.B. *muggia*); im Ahd. zeigen sie es in alten Quellen vereinzelt, meist sind sie nur an der Konsonantengemination oder am Umlaut zu erkennen, z. B. *mucca* Mücke, *zeinna* (got. *tainjō*) Korb, *frouwa* Frau. In *winia (winiga)* Freundin und *kevia* (cavea, Käfig) bleibt das *i* erhalten (§ 31, A. 2). – In den ältesten ahd. Quellen haben diese Wörter den N. Sg. auf *-e* (§ 31, A. 3), z. B. *frauuue, mucke*.

§ 52. Feminina Abstrakta auf *-ī* (213. 227–231): *hōhī* Höhe, as. *huldi* Gnade.

		ahd.	mhd.	as.	got.
Sg.	N.	hōhī	hœhe	huldi (-ia)	háuhei
	G.	hōhī	hœhe	huldi	háuheins
	D.	hōhī	hœhe	huldi (-iu, -o)	háuhein
	A.	hōhī	hœhe	huldi	háuhein
Pl.	NA.	hōhī	hœhe	huldi	háuheins
	G.	hōhīno	hœhen	huldeo, -io	háuheinō
	D.	hōhīn	hœhen	huldiun, -ion	háuheim

Diese Deklination hat im Ahd. und As. das *n* der schwachen Deklination verloren und tritt ihrem ganzen Charakter nach der ō-Dekl. (*gëba* § 43) näher, mit welcher sie im Mhd. völlig zusammenfällt. Sie hat schon im Ahd. (As.) fast nur eine Form, da die Pluralformen sehr selten vorkommen. In einigen alten ahd. Quellen (bes. Is. und Ms.) steht statt *-ī* in allen betr. Kasus *-īn*, z. B. *hōhīn*.

§ 53. Verwandtschaftsnamen. – § 54. Partizipialstämme

Die Hauptmasse dieser Feminina sind Abstrakta zu Adjektiven, die neben denen auf *-ida* (§ 43) von jedem Adj. bildbar sind, also ahd. *tiufī* Tiefe, *finstrī* Finsternis, *wīhī* Heiligkeit, *setī* Sattheit, *wiolīchī* qualitas. Eine geringere Zahl sind Nomina actionis zu sw. Verben I., die im Got. auf *-eins* (*i*-Dekl., s. got. Grammatik $^{12\,\text{ff.}}$ § 103, A. 1) ausgingen und im Ahd. ganz in die Form der Adjektivabstrakta übergetreten sind, z. B. *toufī* Taufe (as. *dōpi*, got. *daupeins*), *mendī* Freude, *ur-lōsī* Erlösung, *werī* Wehr.

Anm. 1. Bei N flektieren diese Abstrakta im Plur. N. A. *hóhinâ*, G. D. *hóhinôn;* schon Altalem. finden sich für den D. Pl. erweiterte Formen auf *-inum, -inōm*, z. B. *hōninum* H.

2. *Die Verwandtschaftsnamen* (idg. *-r*-Stämme, germ. *-ter*-Stämme)

§ 53 (233–235). *bruoder* Bruder.

	ahd.	mhd.	as.	got.
Sg. N.	bruoder	bruoder	brōđer, -ar	brōþar
G.	bruoder	bruoder (bruoders)	brōđer, -ar	brōþrs
D.	bruoder	bruoder	brōđer, -ar	brōþr
A.	bruoder	bruoder	brōđer, -ar	brōþar
Pl. N.	bruoder	bruoder; brüeder	brōđer, -ar	brōþrjus
G.	bruodero	bruoder *usw.*	–	brōþrē
D.	bruoderum,-un; -on	bruodern	brōđ(a)run, -on	brōþrum
A.	bruoder	bruoder	brōđer, -ar	brōþruns

Wie *bruoder* gehen im Ahd. die Femin. *muoter, tohter, swëster*. Das Mask. *fater* hat im G. D. Sg. neben *fater* schon häufig *fateres, fatere* nach der *a*-Dekl., im N. A. Pl. gilt Ahd. nur *fatera*, im Mhd. *vatere, vetere, veter*. – Im As. gehen *fađer, mōđer, dohter, swëster* wie *brōđer*.

Anm. 1. Spätahd. (N) haben *swëster, tohter, bruoder* auch N. A. Pl. *tohterâ, swësterâ, bruoderâ*, G. D. *tohterôn;* auch der schwache N. A. Pl. *tohterûn* kommt bei N. vor. – In älterer Zeit nur in B Nom. A. Pl. *pruadra*.

3. *Stämme auf -nt- (Partizipialstämme)*

§ 54 (236. 237). Diese Klasse umfaßt im Idg. alle Part. Praes. auf *-nt-* (lat. *ama-nt-em*). Im Germ. treten diese Partizipien als Verbaladjektive in die Adjektivdeklinationen über, und nur einige wenige alte Part., die auf Grund ihrer Bedeutung eine besondere Stellung einnehmen (z. B. *friunt* 'Freund', eigentlich 'Liebender', Part. Praes. zu germ.-got. *frijōn* 'lieben'), zeigen die alte Deklination, die unter ständig zunehmendem Einfluß der *a*-Deklination schließlich untergeht. Im Got. und auch im As. sind sie noch zahlreicher vertreten, ahd. nur noch *friunt* (Freund), *fīant* (Feind). Ahd. *friunt*, got. *frijōnds*, as. *friund*, *lēriand* Lehrer.

§ 55. 56. Wurzelnomina

	ahd.	as.		got.
Sg. N.	friunt	friund	lēriand	frijōnds
G.	friuntes	friundes	lēriandes	frijōndis
D.	friunte (friunt)	friunde	lēriande	frijōnd
A.	friunt	friund	lēriand	frijōnd
Pl. NA.	friunt; friunta	friund	lēriand	frijōnds
G.	friunto	friundo	lēriandero	frijōndē
D.	friuntum, -un, -on	friundun	lēriandun	frijōndam

Anm. 1. Bei *fiant* ist ahd. im N. A. Pl. die kurze Form *fiant* sehr selten, im D. Sg. kommt sie gar nicht vor. Im Mhd. ist nur noch bei *vriunt* der kurze Pl. *vriund* neben *vriunde* vorhanden.

Anm. 2. Die ursprünglich hierher gehörenden *heilant* (salvator), *hëlfant* (Helfer), *wigant* (Kämpfer) sind im Ahd. schon volle Subst. der *a*-Dekl. (auch as. schon *wigandos* neben *wigand* N. A. Pl.). – Alte Nom. Sg. noch in *waltant* Herrscher (Hild.), *scepfant* Schöpfer (H. Rb); ein alter N. A. Pl. wohl noch in *lantpūant* indigenos (Voc.); G. Pl. *sceotantero* (Hild.) vielleicht zu N. Sg. *sceozzant* Schütze, aber pronominal gebildet.

C. Wurzelnomina

§ 55. (238. 239). Die früher als Wurzelnomina flektierenden **Maskulina** sind im Ahd. meist in die *i*-Dekl. übergegangen, so *fuoz* Fuß (vgl. (46, A. 2), *zand, zan* Zahn. Spuren der alten Flexion zeigt im Ahd. das nach der *a*-Dekl. flektierende *ginōz* Genosse, bei dem im D. Sg. und N. A. Pl. auch *ginōz* neben gewöhnlichem *ginōze, ginōza* vorkommt. Nur *man* (Mensch) zeigt im Ahd. und As. die alte Flexion noch ziemlich unversehrt.

	ahd.	mhd.	as.	got.
Sg. N.	man	man	man(n)	manna
G.	(man); mannes	man; mannes	mannes, -as	mans
D.	man; manne	man; manne	man; manne	mann
A.	man	man	man(n)	mannan
Pl. NA.	man	man; manne	man(n), (men)	mans, mannans
G.	manno	manne; man	manno	mannē
D.	mannum, -un; -om; -on	mannen; man	mannun, -on	mannam

Anm. 1. Im Ahd. ist der kurze G. Sg. *man* nur zweimal bei O belegt, im Mhd. ist er häufiger. Im N. A. Pl. kommt die Form der *a*-Dekl. *-manna* nur bei Kompositis vor, und zwar wesentlich spätahd. – Die umgelautete Form des N. A. Pl. *men* steht im As. nur sehr vereinzelt.

Anm. 2. Für den A. Sg. erscheint in Is. (M) die pronominale Form *mannan;* in H. stehen 2 *man* neben 2 *mannan*. Bei den pronominalen Kompositis *ioman* jemand, *nioman* niemand gilt die Form *-mannan* ausschließlich.

§ 56 (240–243). Die größere Zahl der früher hierher gehörenden **Feminina** ist ahd. (as.) in die *i*-Dekl. übergetreten, z. B. ahd. *gans, lūs, mūs, miluh* Milch, *magad* Jungfrau, *kuo* Kuh, *sū* Sau. Nur wenige sind erhalten, am besten *naht* Nacht.

§ 56. Wurzelnomina. – § 57. Starke Adjektiva

	ahd.	mhd.	as.	got.
Sg. N.	naht	naht	naht	nahts
G.	naht	naht\ nahte,	nahtes	nahts
D.	naht	naht/ nehte	naht	naht
A.	naht	naht	naht	naht
Pl. NA.	naht	naht(e), nehte	naht	nahts
G.	nahto	nahte, nehte	nahto	nahtē
D.	nahtum, -un, -on	nahten, nehten	nahtun, -on	nahtam (baúrgim)

Anm. 1. Zu *naht* erscheinen im Ahd. erst sehr vereinzelt G. D. Sg. *nahti*, *nahte* (N), D. Pl. *nahtim* nach der *i*-Dekl. – Der G. Sg. *nahtes* (Neubildung nach *tages*) hat im Ahd. nur adverbiale Funktion 'zur Nachtzeit', schon bei O erscheint dabei der Artikel mask.: *thës nahtes*.

Anm. 2. Das Wort *buoh*, as. *bōk* (Buch) ist im Sg. meist Neutr. (auch Mask.); der Pl. dagegen ist im 8./9. Jh. Fem. und geht wie *naht*: thio *buoh*, G. *buocho*, D. *buochum, -un, -on* (as. N. A. Pl. *bōk*, D. *bōkun, -on*). Später wird auch der Pl. zum Neutrum: *diu buoh* (N). – Ebenso geht der Pl. *bruoh* Fem. (Hose).

Anm. 3. *burg* (Stadt) und *brust*, as. *briost* (Brust) werden im Ahd. schon regelmäßig wie *anst* (§ 45) flektiert. Doch ist bei *burg* im G. D. Sg. *burg* neben *burgi* noch häufig. Im As. Sg. G. *burges*, D. *burg (burgi)*; Pl. N. A. *burgi*, G. D. *burgo, burgun* und *burgio, burgiun*. – Von *brust*, das meist pluralisch gebraucht wird, sind neben N. A. Pl. *brusti* (mhd. *brüste*), D. Pl. *brustin* (mhd. *brüsten*) noch bis ins Mhd. hinein N. A. Pl. *brust*, D. Pl. *brustun, -on* (mhd. *brusten*) vorhanden. Im As. N. A. Pl. *briost*, D. *briostun* (Neutr. ? = ae. *brēost*).

Anm. 4. Im As. hat *magađ* noch regelmäßig D. Sg. *magađ* und den N. A. Pl. *magađ*.

Anm. 5. Vereinzelte Spuren alter Flexion finden sich bei den sonst nach der *i*-Deklination gehenden Fem. *turi* (§ 45, A. 2) Tür (D. Pl. *turun, durun* T, O); *itis* Frau (D. Sg. *itis* O, as. *idis*), *kuo* Kuh (N. A. Pl. *chua* Jb), *ackus* Axt (D. Sg. *akus* O, as. *acus*); D. Sg. *leidunt* Anklage (nur O IV 24, 26). – Auch Fem. *dūsunt* 1000 N. A. Pl., neben *thūsuntā* (T).

Kap. II. Deklination der Adjektiva

A. Starkes Adjektivum

§ 57 (245–247). Das starke Adjektivum bildet seine Formen teils nach dem Substantivum, teils nach dem Pronomen. Die substantivischen Formen schließen sich an die *a-ō*-Dekl. an; auch hier unterscheiden wir reine *a-ō*-Stämme, *ja-jō*- und *wa-wō*-Stämme. – Das ahd. st. Adj. hat im N. Sg. aller Geschlechter und im A. Sg. Neutr. eine kürzere und eine längere Form, herkömmlicherweise, aber sprachgeschichtlich unrichtig, als unflektierte und flektierte Form unterschieden; besser werden sie ihrer Bildung nach als nominal und pronominal flektierte Form bezeichnet. Beide sind im Gebrauche gleichwertig, doch herrscht im praedikativen Gebrauche die unflektierte Form vor, und *nur* praedikativ wird sie auch für den N. Pl. verwendet. Das As. kennt die längeren Formen nicht.

§ 58. Starke Adjektiva: a-ō-Stämme

§ 58 (248. 249). Flexion der reinen *a-ō*-Stämme: *blint* blind. Für das Neutr. gelten außer dem N. A. die Formen des Mask.

Die pronominal gebildeten Formen sind im ahd. Beispiel kursiv gesetzt.

	Mask. ahd.	mhd.	as.	got.
Sg. N.	1. blint 2. *blintēr*	1. blint 2. blinder	blind	blinds
G.	blintes	blindes	blindes, -as	blindis
D.	*blintemu, -emo*	blindem(e)	blindum(u),-un;-on	blindamma
A.	*blintan*	blinden	{blindan(a) / hēlagna	blindana
I.	blintu, -o	–	blindu, (-o)	–
Pl. N.	*blinte*	blinde	blinda, -e	blindai
G.	*blintero*	blinder(e)	blindaro, -oro, -ero	blindaizē
D.	*blintēm, -ēn*	blinden	blindun, -on	blindaim
A.	*blinte*	blinde	blinda, -e	blindans
Neutr.				
Sg. NA.	1. blint 2. *blintaz*	1. blint 2. blindez	blind	{1. blind / 2. blindata}
Pl. NA.	*blintiu, blint(i)u*	blindiu	blind; (blinda); [(managu)]	blinda
Fem.				
N.	1. blint 2. *blintiu*, [*blint(i)u*]	1. blint 2. blindiu	blind	blinda
G.	*blintera, -ero*	blinder(e)	blindaro, -ara	blindaizōs
D.	*blinteru, -ero*	blinder(e)	blindaro, -aru	blindai
A.	*blinta*	blinde	blinda	blinda
Pl. NA.	*blinto*	blinde	blinda	blindōs
G.	*blintero*	blinder(e)	blindaro, -oro, -ero	blindaizō
D.	*blintēm, -ēn*	blinden	blindun, -on	blindaim

Wie *blint* flektieren alle die zahlreichen Adjektiva, welche in der unflektierten Form auf Konsonant ausgehen; z. B. *alt, guot, siuh*, fränk. *sioh* krank (flekt. *siuhhēr, siochēr*), *snël* (fl. *snëllēr*), *stum* (fl. *stummēr*); auf *-ag* und *-īg*, z. B. *ōtag* reich, *heilag, enstīg* günstig, *mahtīg* mächtig; auf *-īn*, z. B. *steinīn* steinern, *guldīn* golden; auf *-isc*, z. B. *himilisc, irdisc, frenkisc; –* Komposita auf *-līh, -haft (-haftīg), -sam, -falt (-faltīg)* u. a. – Auch die Partizipia Praeteriti gehören hierher, z. B. *gi-noman, gi-salbōt*, flekt. *ginomanēr, gisalbōtēr* usw.

Anm. 1. Die *e-ē*-haltigen Endungen des st. Adj. zeigen ahd. vereinzelt, häufiger im späteren Bairisch (§ 14a, A. 2) statt des *-e, -ē* ein *-a*, so N. Sg. Mask. *-ar*, G. Sg. *-as*, N. A. Pl. Mask. *-a*, D. Pl. *-an* (*sīnan* Ludw.).

Anm. 2. Im D. Sg. Mask. Neutr. ist die älteste, noch vereinzelt in altalem. Quellen belegte Endung *-amu* (*apanstīgamu* H); die gewöhnliche Endung der ältesten ahd. Denkmäler ist *-emu*, welche aber von Anfang des 9. Jh.s an dem gemeinahd. *-emo* weicht. – Das As. hat die längere Form auf *-umu* nur in Hel.-M und (meist als *-amo*) in den kleineren Denkmälern; dagegen steht in V und im Anfang von M *-um, -un;* in C ist *-on* als Dativform herrschend.

§ 59. 60. Starke Adjektiva: *ja-jō*-Stämme; *wa-wō*-Stämme

Anm. 3. Im N. Sg. Fem. und N. A. Pl. Neutr. lautet die flektierte Form obd. *plintiu* mit Diphthong *iu*; im ältesten Fränkischen dagegen *blintju* (geschr. *blintiu*) und nach Ausfall des *j* im 9. Jh. fränk. *blintu*. Noch zur mhd. Zeit gilt oberd. *blindiu* gegenüber mitteld. *blinde*. – Die Endung wirkt der Regel nach keinen Umlaut; nur bei *al* ist fränk. *elliu, ellu* üblich gegen obd. *alliu* (selten *elliu*), selten *endriu* (zu *ander*), ganz vereinzelt noch sonstige Beispiele. – Den N. Pl. Fem. ersetzt N durch die Form des Mask.

§ 59 (250. 251). Die *ja-jō*-Stämme unterscheiden sich im Ahd. von den reinen *a-ō*-Stämmen nur in der unflektierten Form, welche auf *-i* (< *j*) ausgeht, z. B. *māri* berühmt; die flekt. Formen gehen ganz nach *blint*, also ahd. N. Sg. Mask. *mārēr*, Neutr. *māraz*, Fem. *māriu*, fränk. *mār(i)u*; G. Sg. M. N. *māres*; D. *māremu, -emo* usw. = mhd. *mœre, mœrer, mœrez, mœriu* usw.

Hierher gehören alle Adjektiva, deren unflektierte Form auf *-i* ausgeht, z. B. *engi* eng, *festi* fest, *semfti* sanft, *mitti* medius, *tiuri* teuer, *dunni* (mhd. *dünne*) dünn, *scōni* (mhd. *schœne*) schön, *kūski* (mhd. *kiusche*) keusch, *kuoni* (mhd. *küene*) kühn; Adj. auf *-ohti, -ahti* z. B. *bartohti* bärtig, *steinahti* steinicht; viele mit Praefixen, besonders *gi-*, gebildete, z. B. *gifuori* passend, *gimuoti* angenehm, *urougi* unsichtbar; Komposita, z. B. *einmuoti* einmütig, mit *-bāri* (*scīnbāri* glänzend usw.).

Auch sämtliche Partizipia Praes. gehören hierher, z. B. *nëmanti, salbōnti*; flekt. *nëmantēr, salbōntēr* usw.

Anm. 1. Das auch in den flektierten Formen vor den Endungen früher vorhandene *j* ist im Ahd. nur noch sehr vereinzelt in den ältesten Quellen belegt (§ 31, A. 2), z. B. A. Sg. Mask. *farlihantian* Ra, A. Sg. Fem. *festea* Ms., N. Pl. Fem. *quuëdanteo* Ms. – Sonst ist seine frühere Anwesenheit in den flektierten Formen nur noch am Umlaut (ahd. *festēr*, mhd. *dünner, müeder*) oder an der Konsonantengemination zu erkennen, z. B. *mittēr* (zu *mitti*) medius, *luckēr* (zu *lucki*) lügnerisch, altobd. auch oft nach langer Silbe (§ 17, A. 1), z. B. *mārrēr* (zu *māri*), *scōnniu* (zu *scōni*).

Im As. dagegen ist (wie im Got.) das *j* noch erhalten, also Sg. N. *middi*; G. *middies, -eas, middearo*; D. *middium(u)* usw.; Part. Praes. *gangandi*, G. *gangandes, -ies*, D. *gangandium* usw. Vgl. got. Sg. M. *midjis*, Neutr. *midi, midjata*, Fem. *midja*, G. *midjis, midjaizōs* usw. ganz wie bei *blinds*.

Anm. 2. Die Adverbien dieser Adjektiva nehmen am Umlaut nicht teil, z. B. ahd. *festi*, Adv. *fasto*; *engi*, Adv. *ango*; mhd. *schœne*, Adv. *schōne*; *küene*, Adv. *kuone*; as. *derni*, Adv. *darno*.

§ 60 (252–254). Die ahd. *wa-wō*-Stämme (vgl. § 15, c. § 30) sind nur gering an Zahl; sie gehen in der unflektierten Form auf *-o* aus, in den übrigen Formen sind sie von der Flexion von *blint* nicht verschieden, nur daß ein *w* den Endungen vorausgeht, z. B. *garo* bereit; flekt. Sg. N. *gar(a)wēr, gar(a)waz, gar(a)wiu*, fränk. *gar(a)wu*; G. *gar(a)wes* usw. Ebenso *falo* fahl, *gëlo* gelb, *maro* mürbe, *faro* von einem Aussehen, farbig; *zëso* dexter.

Wörter mit Vokal vor dem *w:* a) *grāo* grau, *blāo* blau, *lāo* lau, *slēo* stumpf, mit Abfall des *o* (§ 30, A. 3): *grā, blā, lā, slē;* flektiert *grāwēr, grāwaz, grāwiu* usw. – b) *frao, frō* froh, *(h)rao, rō* roh, *fao, fō* wenig, vgl. § 12, A. 2; flektiert *frawēr, frouwēr* und *frōēr* usw. – c) *glau, glou* klug, flekt. *glauwēr, glouwēr* usw.

Anm. 1. Mhd. entspricht unfl. *gar, val,* flekt. *garwer, valwer* usw. (wie *blinder*); *grā, vrō,* flekt. *grāwer, vrōer (vrouwer).*

Anm. 2. As. *garu, garo,* G. *garowes* usw.; *glau,* G. *glauues* usw. (wie *blind*).

B. Schwaches Adjektivum

§ 61 (255. 256). Die schwachen Adjektiva sind *n*-Stämme. Deshalb ist ihre Deklination im Ahd. (wie im Mhd., As., Got.) genau die der Substantiva der schwachen Deklination: *hano* (§ 49), *hërza* (§ 50), *zunga* (§ 51): also von *blint* N. Sg. *blinto, blinta, blinta* usw. – Ebenso von den *ja-* und *wa-*Stämmen N. Sg. *māro, māra, māra; gar(a)wo, -a, -a.* – Feminina nach *hōhī* (§ 52), wie im Gotischen, kennt das ahd. Adjektiv nicht.

Anm. 1. Einzelne Ausweichungen finden sich in manchen Quellen. So bei O, der im Pl. Mask. beim Subst. die Endung *-on* hat *(hanon)*, dagegen beim Adj. *-un*, in Übereinstimmung mit dem Neutrum und Fem. – Bei N ist umgekehrt die Form des Mask. im N. Pl. *(blinden)* auch auf das Fem. (statt **blindūn*) übertragen; im D. Pl. hat N beim sw. Adj. die Endung *-ēn* (statt *-on*) vom st. Adj. übernommen. – Im G. Pl. hat O meist *-un* statt *-ōno* für alle Geschlechter.

Anm. 2. Bei den *j*-Stämmen treten in älteren Quellen die *i, e* hier und da noch auf, z. B. *māreo* Wess., *niuwiūn* R. – Im As. stets *māreo, māria* usw. (vgl. § 31, A. 2).

Steigerung (260–266)

§ 62. Komparativ und Superlativ werden im Ahd. auf zweierlei Weise gebildet: 1. auf *-iro, -isto* (got. *-iza, -ists*); 2. auf *-ōro, -ōsto* (got. *-ōza, -ōsts*). Und zwar haben die *ja-jō-*Stämme immer die *i*-Bildung, also *engi, engiro, engisto;* die einsilbigen *a-ō-*Stämme dagegen können beide Bildungen anwenden, z. B. *hōh, hōhiro, hōhisto* und *hōhōro, hōhōsto*, während die mehrsilbigen oder zusammengesetzten durchweg die *ō-*Bildung haben, z. B. *sālīg, sālīgōro, sālīgōsto; managfalt, managfaltōro.*

Anm. 1. Die *i*-Bildung bewirkte, wo es angeht, Umlaut, z. B. *lang, lengiro, lengisto;* mhd. *grōz, grœzer, grœzeste.* Im Mhd., wo die *i-* und *o-*Bildung zusammenfallen mußten, kann man die letztere nur noch am fehlenden Umlaut erkennen, also *lang, langer, langeste* (neben *lenger, lengeste*).

Anm. 2. Im As. sind die Superlative auf *-ost* sehr in der Mehrzahl *(rikiosto, skōniosto)*, die auf *-ist* nur noch bei wenigen Adjektiven (z. B. *nāhisto*). Im Komparativ ist As. neben *-ir-, -or-* die Form *-ar-* sehr häufig, z. B. *wisaro, armlicara.* Im *-ir-*Komparativ steht statt des *i* häufig *e*, was sich auch ahd. in fränkischen Denkmälern, bes. bei O, oft findet, z. B. *altero, jungero.* Bei mehreren Komparativen begegnen im As. auch Formen mit Synkope des *i, e* (§ 15, b) z. B. *stilro, langro* und in substantivischem Gebrauch *hērro, jungro, aldro;* im Ahd., vom Subst. *hērro* (dominus) abgesehen, nur wenige Spuren dieser Synkope.

§ 63. Die Flexion des Komparativs und Superlativs ist im Ahd. und As. die des schwachen Adjektivs. Starke Flexion ist im Ahd. nur in ganz vereinzelten Beispielen vorhanden, z. B. bei O *beziremo, jungistemo;* erst im Mhd. wird die starke Flexion neben der schwachen üblich.

Anm. 1. Im Got. und Nord. hat der Kompar. ebenfalls nur schwache Flexion, dagegen der Superl. starke und schwache; die alten westgerm. Dialekte haben dagegen die starke Flexion des Superl. eingebüßt. Nur im (unflektierten) N. Sg. aller Genera und A. Sg. Ntr. ist im As. (und Ae.) noch die starke Superlativform häufig; im Ahd. ist dies seltene Ausnahme (*Satanas altist* Musp.). – Doch erscheint die unflektierte starke Neutralform des Kompar. und Superl. im Ahd. regelmäßig als Adverbium, z. B. *langōr, fastōr; langōst, fastōst, nāhist.*

Anm. 2. Im As. hat der N. Sg. Mask. des Kompar. überwiegend die Endung *-a* statt *-o*, also *liobera* (= Neutr. Fem.), und auch im Superl. ist dies sehr häufig, z. B. *liobosta.* Im Ahd. finden sich vereinzelte Beispiele dieser Endung, z. B. *furira, furista* (Mask.) mehrmals bei O.

§ 64. Sogenannte unregelmäßige Steigerung findet sich im Ahd. (As.) bei *guot* gut, Komp. *bezziro,* Adv. *baz,* Superl. *bezzisto* (as. *gōd, betara,* Adv. *bet, bat,* Superl. *bezt* § 20, A. 2, *best*); – *ubil* böse, *wirsiro,* Adv. *wirs,* Superl. *wirsisto* (as. *ubil, wirsa, wirsist*); – *michil* groß, *mēro* (alem. auch *mēriro, mērōro*), Adv. *mēr,* Superl. *meisto* (as. *mikil, mēra, mēst*); – *luzzil* klein, *minniro,* Adv. *min,* Superl. *minnisto* (as. *luttil, minnera, minnist*).

Ferner im Ahd. zu Zeit- und Ortsadverbien gehörende Steigerungsgrade: a) *ēr* vorher, *ēriro* prior, *ēristo* primus, *fora* vor, *furiro, furisto;* – b) *furdir* vorwärts, *ford(a)ro, fordarōsto; oba* oben, *obaro, -oro, obarōsto; inne* intus, *innaro, innarōsto* u. a. Zu den Komparativen unter b) gibt es oberd. Nebenformen *fordarōro, oberōro, innarōro.*

Kap. III. Die Zahlwörter

1. Kardinalzahlen (270–276)

§ 65. 1. *ein* flektiert mit Adj.-flexion stark: *einēr, einaz, einiu (einu)* usw. und schwach: *eino, eina* 'allein' (as. *ēn,* got. *ains* st. Adj.). – 2. N. A. Mask. *zwēne* (as. *twēna, -e, -ie,* got. N. *twai,* A. *twans*), Neutr. *zwei* (as. *twē,* got. *twa*), Fem. *zwā,* daneben ahd. seltener, mhd. überwiegend *zwō* (as. *twā, twō,* got. *twōs*); G. *zweio,* selten *zweiero,* mhd. *zweier, zweiger* (as. *tweio,* got. *twaddjē*); D. *zweim, zwein,* selten *zwēm, zwēn,* mhd. *zwein, zweien* (as. *twēm,* got. *twaim*). – 3. N. A. Mask. *drī,* Fem. *drīo,* mhd. M.

F. *drī, drīe* (as. M. F. *thrie, threa, thria;* got. M. F. **þreis*, A. *þrins*); Neutr. *driu* (as. *thriu*, got. *þrija*); G. *drīo*, spätahd. *drīero*, mhd. *drīer* (as. –, got. *þrijē*); D. *drim, drin*, mhd. *drin, drī(e)n* (as. *thrim*, got. *þrim*).

Anm. 1. Die kollektive Zweizahl ahd. *bēde* oder *beide* § 11, A. 3 (vgl. got. *bai* und *bajōþs*) wird als st. Adj. flektiert; N. A. *bēde, bēdiu, bēdo*, G. *bēdero*, D. *bēdēm, -ēn*. As. *bēdie, -ea, -e* ist adj. *ja*-Stamm.

§ 66. Die Zahlen 4–12 (ahd. *fior, finf, sëhs, sibun, ahto, niun, zëhan, einlif, zwelif;* as. *fiwar* und *fior, fīf, sëhs, sibun, ahto, nigun, tëhan, ellevan, twelif)* werden adjektivisch meist unflektiert gebraucht; nur nachgestellt und substantivisch haben sie die Flexion eines Pl. der *i*-Dekl. (Mask. und Fem.), z. B. N. A. *fiori*, G. *fioreo, fioro*, D. *fiorim, -in* (as. *fiwariun*); Neutr. N. A. *fioriu*, fränk. *fioru*. Im Mhd. adjektivisch: N. A. *viere, vieriu*, G. *vierer*, D. *vieren*. – Ebenso die mit *zëhan* komponierten 13–19 (*drīzëhan* usw.).

§ 67. Die Zehner von 20–60 *(zweinzug, drīzug* [mit spirantischem z], *fiorzug, finfzug, sëh[s]zug)* und von 70–100 (älteste Quellen: *sibunzo, ahtozo, niunzo, zëhanzo*, gemeinahd. *sibunzug, ahtozug, niunzug, zëhanzug*) sind indeklinabel und werden der Regel nach als Substantiva mit dem Genitiv verbunden.

Anm. 1. Im As. gilt für 20-60 ebenfalls *-tig: twēntig, thrītig, fiwartig, fiftig* = got. *twai tigjus, fimf tigjus* usw. Dagegen sind die Zehner von 70 ab, die auch got. anders gebildet werden (*sibuntēhund* usw.), im As. *antsibunda, antahtoda, (*ant)nigonda*, daneben aber auch *sibuntig* usw. (vgl. ae. *hundseofontiʒ, hundeahtatiʒ, hundniʒontiʒ* usw.).

§ 68. 100 ist *zëhanzug;* die mehrfachen Hunderte werden durch das Subst. *hunt* (z. B. *finf hunt*) mit dem Gen. gegeben, nicht selten auch durch Zahladverbia mit *zëhanzug* (z. B. *finfstunt zëhanzug*). Das einfache Hundert spätahd. auch *ein hunt; hundert* ist erst mhd.

Anm. 1. Auch as. werden die mehrfachen Hunderte durch *hund* (= got. *hunda*) gebildet *(twē hund);* 100 ist nicht belegt, nur *ōther half hunderod* (150) in der Freckenhorster Heberolle.

1000 *thūsunt, dūsunt*, spätahd. mhd. *tūsent* (as. *thūsundig*, got. *þūsundi*), ist Subst. und im Ahd. gewöhnlich Fem. (s. § 56, A. 5), mhd. und seltener ahd. Neutrum.

2. *Ordinalzahlen* (277. 278)

§ 69. 1. *ēristo*, auch *furisto* (Superl. § 64), mhd. nur *ērste* (as. *ēristo, furisto, formo*, got. *fruma* prior, *frumists* primus). – 2. *ander*, st. Adj., flekt. *anderēr* usw. (as. *ōdar, -er*, got. *anþar*).

Die übrigen Ordinalia werden von den Stämmen der Kardinalzahlen gebildet und durchaus als schwache Adj. flektiert, z. B. ahd. *dritto* (älter *drittio*, as. *thriddio*), *fiordo, sibunto, ahtodo, drittozëhanto* (mhd. *drīzëhende*); *zweinzugōsto, zëhanzugōsto*.

Kap. IV. Deklination der Pronomina

§ 70 (282). Ungeschlechtige Pronomina

	I. Person				II. Person			
Sg.	ahd.	mhd.	as.	got.	ahd.	mhd.	as.	got.
N.	ih	ich	ic	ik	dū, du	dū, du	thū	þu
G.	mīn	mīn	mīn	meina	dīn	dīn	thīn	þeina
D.	mir	mir	mī	mis	dir	dir	thī	þus
A.	mih	mich	mī,(mic)	mik	dih	dih	thī,(thik)	þuk
Dual.								
N.	–	–	wit	wit	–	(ëz)	git	–
G.	unkēr	–	unkaro	[ugkara]	–	(ënker)	–	igqara
D.	–	–	unk	ugkis	–	(ënk)	inc	igqis
A.	–	–	unk	ugkis	–	(ënk)	inc	igqis
Pl.								
N.	wir	wir	wī,(wē)	weis	ir	ir	gi, (gē)	jus
G.	unsēr	unser	ūser	unsara	iuwēr	iuwer	iuwar	izwara
D.	uns	uns	ūs	uns(is)	iu	iu	iu, eu	izwis
A.	unsih	uns(ich)	ūs	uns(is)	iuwih	iuch	iu, eu	izwis

Analog sind die Formen des Reflexivpronomens, welches im Ahd. und Mhd. nur den G. Sg. Mask. Neutr. *sīn* und den für Sg. und Pl. aller Genera gebrauchten Akk. *sih, sich* besitzt. Die übrigen Formen werden durch das Pron. der 3. Person (z. B. D. Sg. *imu, iru*, D. Pl. *im*) ergänzt. Im Got. steht G. *seina*, D. *sis*, A. *sik* für alle Genera und Numeri; im As. fehlt das Pron. reflexivum (nur das Possessivum *sīn* ist vorhanden, § 75, A. 2).

Anm. 1. Dual. 1. Pers. G. ahd. *unkēr* nur O III 22, 32; - Mhd. Dual. 2. Pers. kommt, jedoch mit Pluralbedeutung, nur im bair. Dialekt vor und ist erst seit Ende des 13. Jh.s belegt.

Anm. 2. Im Ahd. steht *uns* erst vereinzelt für den A. Pl.; mit dem 12. Jh. nimmt dies überhand und vom 13. Jh. ab ist Mhd. *unsich* ausgestorben. In der 2. Pers. Pl. kommen im Ahd. ganz vereinzelte Vertauschungen des D. und A. Pl. vor (z. B. A. Pl. *iu* in Ludw.), im Mhd. etwas häufiger.

§ 71 (283). Geschlechtiges Pronomen der 3. Person

a) Mask. | Neutr.

	ahd.	mhd.	as.	got.
Sg. N.	ër, (hër) | iz	ër | ëz	hē, hie | it	is | ita
G.	[sīn] | ës, (is)	[sīn] | ës	is	is
D.	imu, imo	im(e)	im; imu, (imo)	imma
A.	inan, in | iz	in | ëz	ina | it	ina | it
Pl. N.	sie | siu	sie, sī, si | siu, si(e)	sia, sea, sie | siu	eis | ija
G.	iro	ir(e)	iro	izē
D.	im, in	in	im	im
A.	sie | siu	sie, sī, si | siu, si(e)	sia, sea, sie | siu	ins | [ija]

§ 71. 72. Pronomina

b) Femin.

	ahd.	mhd.	as.	got.
Sg. N.	siu; sī, si	sī, si, siu	siu	si
G.	ira, (iru, -o)	ir(e)	iro, -u; -a	izōs
D.	iru, -o	ir(e)	iru, -o	izai
A.	sia, (sie)	sie, sī, si	sia, sea, sie	ija
Pl. NA.	sio	sie, sī, si	sia, sea, sie	[ijōs]
G.	iro	ir(e)	iro	izō
D.	im, in	in	im	im

Anm. 1. Der N. Sg. Mask. lautet bei Is. stets *ir;* in fränk. Quellen oft *hër*, seltener *hē*. – N. A. Sg. Neutr. *iz*, mfränk. *it*. – Die Form *sio* des N. A. Pl. Fem. wird bisweilen durch das Mask. *sie* vertreten: weit überwiegend bei O und bei N stets *sie*.

Anm. 2. In der Enklisis kommen oft gekürzte Formen vor: a) *nan, mo, ro* für *inan, imo, iro* (meist nach Vokal), z. B. *santa-nan;* b) *ër, iz, ës, in* verlieren den Vokal, z. B. *wior* (= *wio ër*), *tuoz* (= *tuo iz*), *dūmos* (= *dū imo ës*); c) *sia, sie, sio* werden zu *sa, se, so*, z. B. *quādun se, ih so;* seltener tritt *si* für alle drei ein, meist vor Vokal, z. B. *sies, ses* (= *sia ës*).

§ 72 (287). Einfaches Demonstrativum *dër* (auch als bestimmter Artikel und als Relativpron. gebraucht).

a) Mask. | Neutr.

	ahd.	mhd.	as.	got.
Sg. N.	dër | daz	dër | daz	thē, thie, (se) | that	sa | þata
G.	dës	dës	thës, (thas)	þis
D.	dëmu, dëmo	dëm(e)	thëm; thëmu, (o)	þamma
A.	dën | daz	dën | daz	thëna, thana | that	þana | þata
I.	– | diu	– | diu	– | thiu	– | þē
Pl. NA.	dē, dea | diu, (dei) dia, die	die | diu	thea, thia | thiu thie, (thē)	N. þai | þō A. þans | þō
G.	dëro	dër(e)	thëro	þizē
D.	dēm, dēn	den	thēm	þaim

b) Femin.

	ahd.	mhd.	as.	got.
Sg. N.	diu	diu	thiu	sō
G.	dëra, (dëru, -o)	dër(e)	thëra, -o	þizōs
D.	dëru, -o	dër(e)	thëru, -o, (-a)	þizai
A.	dea, dia, (die)	die	thea, thia, thie	þō
Pl. NA.	deo, dio	die	thea, thia, thie	þōs
G.	dëro	dër(e)	thëro	þizō
D.	dēm, dēn	den	thēm	þaim

Anm. 1. Im N. Sg. Mask. nur in T oft *thie* (= as., § 7 A. 1) neben *thër*. Im N. A. Sg. Neutr. mfränk. *that;* N. A. Plur Neutr. hat im Oberd. die Nebenform *dei*, die schon in sehr alten Quellen vorkommt und im Bair. sich bis ins 11./12. Jh. findet. – Im D. Pl. hat das Alem. meist diphthongierte Formen *deam, diem, dien* (*dien* N).

Anm. 2. In unbetonter Stellung als Artikel und besonders auch als Relativpronomen unterliegen die Formen des Pron. *dër* oft Abschwächung und Ver-

§ 73. 74. Pronomina

kürzungen; für viele Kasus kann einfach *the, de* oder *thi, di* eintreten; statt *thëra, thëru* tritt *thër* ein. Bemerke die Zusammenziehungen der Dative mit *zi: zëmo (zëm), zëru (zër), zēn;* ferner *theiz, theist, theih* für *thaz-iz, -ist, -ih.*

§ 73 (288). Zusammengesetztes Demonstrativpron. dieser. Im Got. nicht vorhanden. – Gemeinahd. Formen sind gesperrt.

a) Mask. | Neutr.

		ahd. mhd.	as.
Sg.	N. *Mask.*	dëse, dësēr, thërēr (O), disêr (N), dirro (Nps); *mhd.* dirre	*thëse
	NA. *Neutr.*	diz; dezzi, thizi; *mfränk.-md.* thit; *mhd.* ditze, diz	thit, thitt
	G.	dësse, dësses, dëses; disses (N); *mhd.* dises; disse(s)	thëses, -as
	D.	dësemu, dësemo; disemo (N); *mhd. disem*(e)	thësum(u), -un; -on
	A. *Mask.*	dësan, disen (N); *mhd.* disen	thësan
	I. *Neutr.*	dësiu; dësu; disiu; disu *(fehlt nach dem 9. Jh.)*	thius
Pl.	NA. *Mask.*	dëse; dise (N); *mhd.* dise	thësa, -e
	Neutr.	dësiu, disiu, thisu (O); disiu (N); *altobd. auch* deisu; *mhd.* disiu	thius
	G.	dësero; thërero, thërro (OT), dirro (N); *mhd.* dirre	thësaro
	D.	dësēm, -ēn; disên (N); *mhd.* disen	thësun, -on

b) Femin.

		ahd. mhd.	as.
Sg.	N.	dësiu, disiu, thisu (O); disiu (N); *mhd.* disiu	thius
	G.	dësera; thërera, thërra, -o (OT); dirro (N); *mhd.* dirre	thësaro, (-a)
	D.	dëseru; thëreru, thërru, -a (OT); dirro (N); *mhd.* dirre	thësaro, -u
	A.	dësa; (dheasa Is.), disa (N); *mhd.* dise	thësa
Pl.	NA.	dëso; dise (N); *mhd.* dise	thësa
	G. *und* D. *wie Mask. Neutr.*		

§ 74 (291). Interrogativpron. wer. Das substantivische Pron. *hwër*, vom 9. Jh. ab *wër*, hat im Westgerm. für Mask. und Fem. dieselbe Form und bildet keinen Plural.

	ahd.	mhd.	as.	got. M.N.	Fem.
N. *(M.F.)*	hwër, wër	wër	hwē, hwie	hʋas	hʋō
NA. *(Neutr.)*	hwaz, waz	waz	hwat	hʋa	
G.	hwës, wës	wës	hwës	hʋis	[hʋizōs]
D.	hwëmu, wëmo	wëm(e)	hwëm(u)	hʋamma	hʋizai
A. *(M.F.)*	hwënan, wënan, wën	wën	hwëna, (hwane)	hʋana	hʋō
I. *(Neutr.)*	hwiu, wiu, hiu (TO)	wiu	hwī, hwiu	hʋē	–

Anm. 1. Bei O einige Male *weih* (= *waz ih*), einmal *weist* (= *waz ist*).
Anm. 2. Bei T zwei Pluralformen: *wie* qui (T 59,3), *fon wēn* quibus (T 93,2).
Anm. 3 (292). Wie *hwër* gehen auch Komposita: ahd. *ëddeswër, sihwër* irgendein; as. *gihwē* jeder.

§ 75. Pronominaladjektiva.

a) (284–286). Possessiva (wie starke Adjektiva flektiert ohne schwache Flexion): *mīn, dīn, sīn; unsēr, iuwēr;* flektiert *mīnēr, dīnēr, sīnēr, unserēr, iuwerēr* usw., doch werden im N. Sg. meist die unflektierten Formen gebraucht.

Anm. 1. In den flektierten Formen von *unsēr, iuwēr* steht nicht ganz selten *a* statt *e*, z. B. *unsarēr, iuwarēm;* selten ist in alter Zeit Synkope des *e* von *unser-*, z. B. *unsriu* (vgl. § 15, b), häufiger spätahd.
Anm. 2. As. *mīn, thīn, sīn;* von den Dualen und Pluralen *unca, inca; ūsa, iuwa* flekt. G. *ūses, ūsaro* usw. – Das Fränkische hat neben den längeren auch die kürzeren Formen, welchen *unsēr, iuwēr* als flekt. N. Sg. Mask. zugrunde liegt, also O *unsēr, unsaz, unsu,* G. *unses, unsera* usw.; G. Pl. *iuwero* (neben *iuwerero*) usw.; im Obd. nur die längeren Formen.
Anm. 3. *sīn* wird entsprechend dem G. Sg. *sīn* (§ 70) nur auf ein Mask. oder Neutr. Sing. bezogen; für das Fem. im Sg. und den ganzen Plural wird das fehlende Possessivum durch die Genitive von *ër* ersetzt (*ira* ejus f., *iro* eorum, earum), erst mhd. entwickelt sich allmählich aus dem Gen. *ir* ein adjektivisches Pronomen, (zuerst mitteld., noch nicht bei den obd. Dichtern der Blütezeit).

b) (289. 290. 292–300). Auch die übrigen Pronominaladjektiva weichen von der Adjektivflexion meist nur dadurch ab, daß von ihnen keine schwachen Formen gebildet werden; so bei *(h)wëdar,* wer von beiden (nebst Komposs. *giwëdar, iogiwëdar, dewëder), (h)welīh* (vgl. as. *hwilik,* got. *ƕileiks*) welcher (nebst Komposs. *ëddeswelīh, iogiwelīh* u. a.), *solīh* solcher, *hweolīh, wiolīh* qualis, *ander* der andere, zweite (bei N auch schwach), *sum* irgendein, *ein* und Komposs. *einīg, dihein (dehhein, thohhein; dechein)* irgendeiner, *nihein, nihhein, nohhein* keiner; Komposs. mit *-līh*: *ëddes-, ëti-līh* irgendeiner, *iogilīh* jeder. – Von *jenēr, genēr* (obd., fast nur bei N *énêr*) 'jener' kommen unflektierte Formen nicht vor. – *sëlb* (ipse) flektiert stark und schwach.

II. KONJUGATION

Kap. I. Formenbestand, Einteilung und Flexion der Verba (302–323)

§ 75a. Das ahd. (as.) Verbum hat den folgenden Formenbestand:
1. Ein historisch ererbtes Genus: das Aktiv.

Anm. 1. Das Passiv wird im Praes. und Praet. durch Umschreibung mit ahd. *wesan* und *werdan* (as. *wesan, werthan*) mit dem Part. Praet. ausgedrückt; Perf. und Plusquamp. sind wie im Aktiv noch äußerst selten.

2. Zwei Tempora: das Praesens (vgl. § 76, 1a, b, c) und das Praeteritum (vgl. § 76, 2a, b). Für das Futurum bestehen keine eigenen For-

men; es wird fast allgemein durch die Formen des Praes. ausgedrückt (doch s. A. 2).

Anm. 2. Umschreibungen des Futurums mit ahd. *sculan* (seltener *wellen*) sind nur spärlich bezeugt; im As. ist die Umschreibung mit *sculan* etwas häufiger.

Anm. 3. Das Praeteritum ist allgemeines Tempus der Vergangenheit und entspricht etwa dem lat. Imperfectum, Perf. und Plusquamp. Für das Perf. zeigen jedoch schon die ältesten Texte feste Umschreibungen mit *eigan*, *habēn*, *wesan* und dem Part. Praet. (im As. entsprechend mit *ēgan*, *habbian*, *wesan*). Schon im 9. Jh. finden sich Umschreibungen des Plusquamp. mit *habēn*, doch bleiben die Formen des Praet. das Gewöhnliche.

3. **Drei Modi: Indikativ, Konjunktiv** und den nur im Praes. vorhandenen **Imperativ**.

Anm. 4. Der Konjunktiv wird oft als Optativ bezeichnet, da seine Formen den idg. Optativformen entsprechen.

4. **Zwei Numeri: Singular** und **Plural**.

5. **Drei Verbalnomina: Infinitiv des Praesens** (vgl. § 76, 1, d), **Partizipium des Praesens** (vgl. § 76, 1, e) und **Partizipium des Praet.** (vgl. § 76, 3).

Anm. 5. Zum Infinitiv werden mit Stammänderung Genetive und Dative (Gerundium) gebildet (§ 76, 1, d).

§ 75b. Auf Grund der Bildung des Praet. und Part. Praet. teilt man die (germ. >) ahd. und as. Verba in zwei Hauptklassen:

1. **Starke Verba** (vgl. § 77—86); diese bilden ihr Praet. ohne Antritt weiterer Suffixe durch Wechsel des Wurzelvokals. Ihr Part. Praet. wird durch Antritt eines Nasalsuffixes (*-an-*) gebildet. Man unterscheidet zwei Gruppen starker Verba:

a) **Ablautende Verba**; deren Vokalwechsel beruht auf dem idg. Ablaut (z. B. *nimu — nam*);

b) **Reduplizierende Verba**; diese bilden im Germ. ihr Praet. durch Reduplikation, die sich noch im Gotischen zeigt, z. B. *fahan — faifah*. Im Ahd. und As. ist diese Reduplikation aufgegeben und dafür ein Vokalwechsel eingetreten, der jedoch mit dem Ablaut der abl. Verba nichts zu tun hat (z. B. ahd. *fāhan — fiang*, as. *lātan — lēt*). Die starken Verba sind primäre Bildungen.

2. **Schwache Verba.** Diese bilden ihr Praet. durch Antritt eines Dentalsuffixes (ahd. *-ta*, as. *-da*, *-ta*). Das Part. Praet. wird ebenfalls mit einem Dentalsuffix gebildet. Die schwachen Verba sind zum größten Teil abgeleitete (sekundäre) Bildungen. Nach der Bildung ihres Praesensstammes werden sie in drei Klassen unterteilt:

Klasse I mit dem Stammsuffix *-j-*, welches im Ahd. meist schwindet (vgl. § 31 A. 2), im As. jedoch noch vorhanden ist (z. B. ahd. *suochen*, as. *sōkian*);

§ 76. Flexion der st. u. schw. Verba

Klasse II mit dem Stammsuffix -ō-, welches in allen Formen hervortritt (vgl. ahd. *machōn*, as. *makōn*);
Klasse III mit dem Stammsuffix -ē-, für welches im Ahd. nicht ganz selten -*a*- erscheint *(sagēta, sagata)*, vgl. § 92. Im As. sind diese Verba in die Klasse II übergetreten (doch s. § 92 A. 2).

§ 76. Die Tafel (am Schluß des Buches) enthält links die ahd. Verbalflexion, und zwar A. für die starken Verba: 1. *nëman* nehmen (IV. Abl.) gibt die Formen der ältesten Quellen bis Anfang des 9. Jh.s. 2. *ziohan* ziehen (II. Abl.; mit grammat. Wechsel) gibt den Stand der Flexion bei Tatian (um 825). 3. *faran* fahren (VI. Abl.) die Flexion Otfrids (um 865), während 4. *rātan* (Red. I) die Verbalformen Notkers vorführt. – B. für die schwachen Verba: I. Konjug. *α)* *suochen* (got. *sōkjan*) suchen (mit langer Stammsilbe); *β)* *zellen* (got. **taljan*) zählen, sagen, mit Umlaut in der kurzen Stammsilbe und teilweiser Gemination des *l* durch *j*; *γ)* *nerien* (got. *nasjan*) retten (mit kurzer Stammsilbe und länger erhaltenem *j* nach *r*, § 31, A. 2); II. Konjug. *salbōn* salben; III. Konjug. *habēn* haben, halten. Von den schw. Verben gibt die Tabelle nur die im 9. Jh. vorherrschenden Formen, unter Voranstellung der älteren, aber ohne Trennung nach Quellen: doch lassen sich die bei den st. Verben gegebenen Einzelheiten (mutatis mutandis) auch auf die schw. Verba anwenden.

Die Tafel rechts gibt zuerst die mhd. Flexion: st. Verba *hëlfen* (III. Abl.); schw. Verba *zeln* (ahd. *zellen*), *salben* (ahd. *salbōn*). – Die zweite Abteilung gibt die as. Flexion, und zwar starke Verba *hëlpan* (III. Abl., mhd. *hëlfen*, ahd. *hëlfan*); schw. Verba I *sōkian* (ahd. *suochen*), ergänzt durch *tellian* (ahd. *zellen*), *nerian* (ahd. *nerien*); schw. Verba II *tholon* dulden (ahd. *dolēn, tholōn*). – Die dritte Abteilung bietet die gotischen Formen: st. Verba *niman* IV. Abl., (ahd. *nëman*); schw. Verba I *nasjan* (ahd. *nerien*) ergänzt durch *sōkjan;* schw. Verba II *salbōn* (ahd. *salbōn*); schw. Verba III *haban* (ahd. *habēn*); schw. Verba IV (Inchoativa) *fullnan* voll werden, sich füllen.

Anmerkungen zur ahd. Verbalflexion

1. Praesens

a) Indikativ (und Allgemeines)

1. Sg. Die Endung -*u*, nach dem 9. Jh. -*o*, (früh auch -*o;* bei schw. Verben I in alten Quellen noch -*iu*, z. B. *wāniu)* wird vor *ih* und andern Enklitizis öfter elidiert: *haldih* (vgl. dazu § 3 A. 3). Die schw. V. II., III. haben -*m* (-*ōm*, -*ēm)*, im 9. Jh. > -*n;* -*ōn*, -*ēn* bleiben bis ins 11. Jh. fest; im westlichen Teile des Sprachgebietes wird das -*n* auch auf andere Verba übertragen, z. B. *gihun, wirdon* (st. *gihu, wirdo*). Im Mhd. dagegen hat das -*e* der übrigen das -*en* der schw. Verba verdrängt: mhd. *salbe;* doch tritt daneben auch -*en* (besonders rheinisch) bei allen Verben auf.

§ 76. Flexion der st. u. schw. Verba

2. Sg. Seit dem 9. Jh. treten die mit t erweiterten Formen auf: zuerst im Fränk., seit dem 10. Jh. auch oberd. Das t ist bei O fast nur im Ind. Praes. vorhanden, dringt aber anderwärts auch in alle andern auf s endenden 2. Pers. Sg. (Konj. Praes. und Praet. *nëmēst, nāmīst,* schw. Praet. Ind. *suohtōst*) ein und wird besonders im Oberd. ganz fest (N), während im Fränk.-Mitteld. daneben sich die s-Form bis ins Mhd. hält.

1. Pl. Die Endung *-mēs* kommt nur dem Indik. Praes. (und Imperativ) zu; doch ist sie im 8./9. Jh. vielfach in den Konj. und ins Praet. gedrungen, die *-m, -n* als Endung haben. Andererseits geht aber seit dem 9. Jh. die Endung *-mēs* dadurch auch dem Praes. Ind. ganz verloren, daß an ihrer Stelle die konjunktivische Endung auf m, n *(-ēn,* bez. *-ōn)* eintritt, während Konj. und Praet. ihre alte Endung festhalten. – Der Flexionsvokal vor *-mēs* im Ind. Praes. ist bei den st. Verben und schw. Verben I schwankend: im allgemeinen überwiegt fränk. *-emēs,* oberd. *-amēs.* In K meist *-umēs* (z. B. *wërfumēs, frummiumēs).*

2. Pl. (= 2. Pl. Imperat.) Bei den st. Verben und schw. Verben I ist *-et* die regelmäßige Endung, nur im Altalem. daneben häufig *-at.* In Ms. begegnet öfter *-it* (mit Wirkung auf den Stammvokal, z. B. *quidit, ferit = quëdet, faret).*

Im Alemannischen von N an bis ins Mhd. hinein ist *-nt* statt *-t* die Endung der 2. Pl., und zwar auch im Konj. und Praet. Im 8. und 9. Jh. sind erst wenige Spuren dieser Endung vorhanden. Im Fränk. tritt *-nt* nur spärlich, im Bairischen fast gar nicht auf.

3. Pl. In den ältesten Quellen kommt *-ant* den st. Verben, *-ent* (§ 31, A. 3) den schw. Verben I zu. Doch erfolgte bald Ausgleich, so daß im 9. Jh. oberd. *-ant,* fränk. *-ent* in beiden Klassen vorherrscht.

b) Konjunktiv (Optativ)

Der Konjunktivvokal $\bar{e}$ ($< ai$) wird bairisch (besonders später) öfter zu a; am häufigsten das kurze e der 1. 3. Sg., z. B. *wërda, wësa, rīchisōia* Freis. Pn. In anderen Dialekten ist dies selten. Vgl. § 14a, A. 2.

Bei den schw. Verben II, III sind die längeren Konjunktivformen nur oberdeutsch; der alem. Dialekt hat fast ausschließlich die längeren Formen, während dieselben im Bair. nur bei den schw. Verben II häufig, bei den schw. Verben III dagegen sehr selten sind. Die längeren Formen haben besonders im Bairischen und späteren Alem. oft ein *j* (geschr. *i, g*) vor dem Flexionsvokal: *salbōie, salbōgēs, habēie;* noch mhd. im Alem. *salbege, salbeie* usw.

c) Imperativ

2. Sg. Das *-i* (mhd. *-e*), welches diese Form bei den schw. Verben I von der starken Form scheidet *(suochi – nim)* ist auch bei den *j*-Praesentien der st. Verba (§ 77, A. 1) vorhanden, z. B. *biti, sweri,* mhd. *bite, swer.*

1. Pl. Die mit der 1. Pl. Ind. gleichlautende Adhortativform wird schon früh durch die 1. Pl. Konj. (Opt.) vertreten und bald ganz verdrängt, wie die Indikativform. Bemerkenswert ist, daß bei O im Adhortativ die Formen auf *-mēs* sich regelmäßig erhalten haben, während sie im Indik. schon bis auf wenige Reste durch die Konjunktivform ersetzt sind.

d) Infinitiv

Die Endung des Inf. ist in den ältesten Quellen und noch bei T O bei den st. Verben *-an,* bei den schw. Verben I dagegen *-en* (§ 31, A. 3). Einzelne Ausgleichungen nach beiden Richtungen zeigen sich von früh an, besonders aber ist im Oberd. des 9. Jh.s ziemlich durchgehend das *-an* der st. Verba auch in die schw. Verba I eingedrungen.

Zum Infin., der als Nom. Akk. fungiert, haben die westgerm. Sprachen einen G. und Dat. ('gerundium'), die mit einem Suffix germ. *-nja-* > westgerm. *-nnja-* (§ 17) gebildet sind. Ahd. st. Verba G. *nëmannes,* D. *nëmanne;* sw. Verba I *zellennes, -enne* (obd. häufig *-annes, -anne*); sw. Verba II *salbōnnes, -ōnne;* sw. Verba III *habēnnes, -ēnne;* mhd. *nëmennes, -enne; salbenne;* mhd. oft auch mit Vereinfachung des *nn: nëmene, salbene,* ahd. selten, z. B. O *weinōnes.* – As. Beispiele: G. *cussiannias,* D. *te gifulleanne.*

e) Partizipium Praesentis

Über die Flexion des Part. Praes. als *ja-jō-*Adj. s. § 59. Der Suffixvokal ist bei den st. Verben *a (nëmanti),* bei den schw. Verben I e *(zellenti),* s. § 31, A. 3, doch läßt die Umlautwirkung des End-*i* auch beim st. Verbum häufig *-enti* erscheinen. Oberd. auch bei den schw. Verben I oft *-anti.*

2. Praeteritum

a) Indikativ

2. Sg. schw. Verba. Das *ō* in *-ōs(t)* ist im wesentlichen fest. Bei T mehrfach *a, u (giloubtas, giloubtus),* bei Is. einmal *-ēs (chiminnerodēs).*

1. Pl. Die alte Endung *-um, -un* hat im 9. Jh. (aus dem Ind. Praes.) *-umēs* neben sich. Bei T mehrere Fälle, in denen *-mēs* an *-un* gefügt ist (z. B. *gābunmēs, gihalōtunmēs),* daneben auch zwei gleich gebildete Praesensformen *comēnmēs, slizēnmēs.*

Die alemannische Unterscheidung des Pl. schw. Praet. vom st. Praet. ist noch bei N scharf durchgeführt: N. st. Verba *rieten, rietent, rieten,* aber schw. Verba *sûohtôn, -ônt, -ôn.* – Auch Is. hat das *ō* im schw. Praet. *(sendidōn,* aber *wārun).*

b) Konjunktiv (Optativ)

1. 3. Sing. Die alemannische Unterscheidung der Endung des st. Verbums *(-i)* von dem schw. Verbum mit langem *ī (-tī)* ist noch durch N bezeugt: *nâme,* aber *sûohtî.* Auch teilt Is. die alemann. Regel *(scoldii* Is.).

Die imperativischen Formeln *ni curi* noli (Rb *ni churis), ni curit* nolite (T auch *ni curet)* sind erstarrte Konj. Praet. von *kiosan* (wählen).

3. Partizipium Praet.

Die Part. Praet. der st. und schw. Verba werden als regelmäßige Adjektiva flektiert, s. § 58. – Das Part. Praet. wird im Ahd. mit *gi-* gebildet 1. bei einfachen Verben: *ginoman,* 2. bei Verben mit trennbarem Praefix: *abaginoman.* Dagegen haben kein *gi-* Verba mit untrennbarem Praefix: *firnoman.* Regelmäßig ohne *gi-* erscheinen im Ahd. die Part. Praet. *quëman, quoman* (mhd. *komen,* as. *kuman)* gekommen; *funtan* (mhd. *vunden,* as. *fundan)* gefunden; *brungan* und *brāht* (mhd. *brāht)* gebracht; *wortan,* selten *giwortan* (mhd. *worden,* as. *wordan)* geworden; *troffan* und *gitroffan* (mhd. *troffen)* getroffen; mhd. noch gewöhnlich *gëben, lāzen (lān).* Im As. stets *hētan* geheißen. Bei anderen Verben fehlt im Ahd. As. das *gi-* nur ganz vereinzelt.

Kap. II. Die Bildung der Tempusstämme der starken und schwachen Verba

A. Starke Verba

§ 77 (324–326). Die Bildung der Tempusstämme geschieht bei den st. Verben durch Vokalwechsel, sog. Ablaut. Auch die im Got. noch reduplizierenden Verba haben in den andern german. Sprachen Vokalwechsel, also eine Art Ablaut. So unterscheiden sich durch den Ablaut meist das Praesens, die 1. 3. Sg. Praeteritum und das übrige Praeteritum, doch zeigen einige Klassen (VI und die redupl. Verba) auch andere Gruppierung.

Hinzu treten jüngere vokalische Differenzen, die auf german. oder einzelsprachlichen Gesetzen (s. § 3. 4. 5. 13) beruhen: german. $\bar{e} > i$ (2. 3. Sg. Praes. und 2. Imp. von Kasse III–V); ahd., as. $\bar{e} > i$ (1. Sg. Praes. Klasse III–V); sog. Brechung $u > o$ (Part. Praet. Kl. II–IV) und $eu > io$ (Praes. Kl. II, außer Sg. Indik.); Umlaut (2. 3. Sg. Praes. Kl. VI und einige redupl. Verba; erst mhd. auch Konj. Praet. Kl. II–VI).

Praktisch sind deshalb meist fünf Formen zu nennen, damit die vokalischen Erscheinungen eines Verbums vollständig charakterisiert werden. Diese sind: 1) **Infinitiv**, dessen Vokal für alle Praesensformen gilt, außer dem Sing. Indik. und Imperat.; 2) 1. **Sing. Indik. Praes.** (für Sing. Praes. Indik. und 2. Sing. Imperat.); 3) 1. 3. **Sing. Ind. Praet.** (im Westgerm. nur für diese Formen); 4) 1. **Plur. Ind. Praet.** (für alle übrigen Formen des Praet.); 5) **Part. Praet.** (nur für diese Form).

Anm. 1 (327). Abgesehen vom Vokalwechsel sind bei einigen st. Verben aus alter Zeit einige andere Unterschiede zwischen den Stämmen des Praes. und Praet. erhalten. Das sind besonders die Praesensbildungen mit j (Suffix idg. -*jo*), welche im Praes. ganz wie die sw. Verba I flektieren und in Vokalen und Konsonanten der Stammsilbe alle Wirkungen eines folgenden j der Endsilbe zeigen, während sie das Praet. und Part. Pt. stark bilden. Von solchen Verben sind im Ahd. (meist ebenso as.) lebendig noch: abl. Verba V. *bitten, liggen, sitzen* (§ 82 A. 4), abl. VI *swerien, skephen, heffen, *intseffen* (§ 83, A. 2), red. I *erien* (§ 85 A. 4). – Reste anderer Praesensbildungen: n-Infix bei *stantan*, n-Suffix bei *backan*, n- und j-Suffix bei *giwahanen* (§ 83, A. 3. 4).

Anm. 2 (328). Grammatischen Wechsel (s. § 35) zeigt die Mehrzahl der Verba, deren Stamm im Praes. und 1. 3. Ind. Praet. auf die Konsonanten (germ. $s, þ, \chi, f =$) ahd. s, d (*th*), h, f ausgeht, an deren Statt in den übrigen Formen des Praet. und im Part. Praet. (germ. $z, d, \gamma, \mathrm{b} =$) ahd. r, t, g (*w*), b eintritt, z.B. *kiosan, kōs – kurum, gikoran*. Manche hierher gehörenden Verba haben den Wechsel schon vorahd. aufgegeben (im Got. ist der Wechsel gar nicht, im As. in der Dentalreihe nur in Resten, etwas mehr bei s, h erhalten, s. § 35, A. 2); der Wechsel f–b ist im Ahd. nur bei *heffen* (§ 83) klar erkennbar. Im Laufe des Ahd. und Mhd. geben dann noch mehrere Verba den Wechsel auf, meist indem sie den Praesenskonsonanten durchführen, z. B. statt *lārum, gilëran* (zu *lësan* abl. V) ahd. häufiger *lāsum, gilësan*, dagegen ahd. *heffen, heven – huobum, gihaban* > mhd. *heben, huoben, gehaben*.

1. Die ablautenden Verba

§ 78. Klasse I (329–331). German. *ī, ai, i*.

Got. *ei, ai, i: greipan, greipa; graip, gripum; gripans*.
As.: *grīpan, grīpu; grēp, gripun; gigripan; – thīhan, thīhu; thēh, thigun; githigan*.
Im Ahd. Mhd. zwei Abteilungen: a) die Mehrzahl mit *ei* im Sg. Praet., b) die Minderzahl mit *ē* vor folgendem *w* und vor germ. *h;* vgl. § 11. Beispiele:

a) *grīfan, grīfu; greif, griffum; gigriffan* greifen; mhd. *grīfen, grīfe; greif, griffen; gegriffen;* – ahd. *rīsan, rīsu; reis, rirum; giriran* fallen; mhd. *rīsen, rīse; reis, rirn* und *risen; gerirn* und *gerisen*.

b) *dīhan, dīhu; dēh, digum; gidigan* gedeihen; mhd. *dīhen, dīhe; dēch, digen; gedigen*.

Anm. 1. Ahd. *scrian, scriu; screi, scrirum; giscriran* schreien, *spiwan (spīan, spīgan) spiwu; spē(o),* (N *spêh* nach *lēh,* s. Anm. 2), *spuuum* T (= *spuwum* oder *spūwum* wie *blūwum* 79, Anm. 2?) und *spiwum* (O *spiun*); *gispiwan (gispūen)*. Beide Verba beeinflussen sich mhd.: *schrīen, spīwen,* Praet. Sg. *schrei* und *schrē, spē* und *spei;* Pl. Praet. *schrirn* und *schriuwen (schrūwen), spiuwen (spūwen)* und *spirn;* Part. *geschrirn* und *geschriuwen (-schrūwen), gespiuwen (-spūwen)* und *gespirn*. Spuren dieser Vermischung auch schon ahd.

Anm. 2. Grammatischer Wechsel *(χw – γw >) h(w) – (g)w* liegt zugrunde bei *līhan, līhu; lēh, liwum; giliwan* (as. *liwun* und *lihun; giliwan*) leihen (§ 35, A. 2); mhd. meist Pl. Praet. *lihen* (auch *liuwen*), Part. *gelihen* (auch *geliuwen, geligen*).

Anm. 3. As. *githungan* (gediegen) altes Part. Praet. zu *thīhan,* das ursprünglich zu Klasse III gehörte und wegen der im Praes. eingetretenen lautlichen Wandlung *-enχ > -inχ > iχ* (§ 34, A. 2) in die Klasse I übertrat.

§ 79. Klasse II (332–334). German. *eu, au, u*.

Got. *iu, au, u: biudan, biuda; bauþ, budum; budans; – tiuhan, tiuha; táuh, taúhum; taúhans*.
As. *biodan, biudu; bōd, budun; gibodan; – tiohan, tiuhu; tōh, tuhun (tugun); gitogan*.
Im Ahd. Mhd. zwei Abteilungen mit *ou* oder *ō* im Sg. Praet. je nach den folgenden Konsonanten; vgl. § 12. Beispiele:

a) Ahd. *biogan* (oberd. *biugan*), *biugu; boug, bugum; gibogan* biegen; mhd. *biegen, biuge; bouc, bugen; gebogen*.

b) Ahd. *biotan, biutu; bōt, butum; gibotan* bieten; mhd. *bieten, biute; bōt, buten; geboten;* – ahd. *siodan, siudu; sōd, sutum; gisotan* sieden; mhd. *sieden, siude; sōt, suten; gesoten;* ahd. *ziohan, ziuhu; zōh, zugum; gizogan* ziehen.

Anm. 1. *fliohan* (fliehen) hat schon ahd. stets *fluhum, giflohan*.
Anm. 2. Die Verba auf *w* behalten auch fränk. das *iu* im ganzen Praes. (§ 13, A. 3), im Pl. Praet. und Part. haben sie *ū,* z. B. *bliuwan, bliuwu; blou, blūwun (blūum); giblūwan (geblūan)* schlagen (got. *bliggwan* nach Klasse III).

§ 80. 81. Abl. Verba Kl. III. IV

Mhd. *bliuwen, bliuwe; blou, blūwen* und *bliuwen, blouwen; geblouwen* und *gebliuwen;* ebenso ahd. *(h)riuwan* schmerzen, mhd. *riuwen* (as. *hreuwan,* Praet. *hrau,* § 30, A. 6).

Anm. 3. Verba mit *ū* im Praesens: ahd. *lūhhan,* mhd. *lūchen* schließen (got. as. *lūkan*), ahd. as. *sūgan,* mhd. *sūgen* saugen, ahd. *sūfan,* mhd. *sūfen* saufen, ahd. *tūhhan* tauchen (mhd. *tūchen* schw. Verbum, aber *betochen*); ahd. *brūchan* (as. *brūkan*) brauchen, ahd. nur das Praes. und Praet. Part. *gibrūchit* und *kiprohan,* mhd. *brūchen* und seit dem 12. Jh. das schw. Praet. *brūchte.*

§ 80. Klasse III (335–338). German. *e, a, u.*

Got. *i, a, u: bindan, binda; band, bundum; bundans.*

Ahd. und as. zwei Abteilungen: a) Verba auf *mm, nn* oder *m, n* + Kons. mit *i* im ganzen Praes. b) Verba auf *ll* oder *l, r* + Kons., dazu c) einige weitere auf andere zweifache Konsonanz und zugleich mit *l, r* vor dem Stammvokal (außer bei *fëhtan,* das nach dem Muster von *flëhtan* hier angeschlossen ist). Beispiele:

As.: a) *bindan, bindu; band, bundun; gibundan; − fiđan* und *findan; fand, fundun; fundan;* b) *hëlpan, hilpu; halp, hulpun; giholpan.*

Ahd. a) *rinnan, rinnu; ran, runnum; girunnan* laufen; mhd. *rinnen, rinne; ran, runnen; gerunnen; − findan, findu; fand, funtum; funtan* finden; mhd. *vinden, vinde; vant, vunden; vunden.*

Anm. 1. Von *biginnan,* mhd. *beginnen,* erscheint neben st. Praet. *bigan, bigunnum* ahd. sehr häufig auch das schw. Praet. *bigonda* (seltener *bigunda,* Is. *bigunsta*), mhd. *begunde, -gonde* (mhd. *begunste, -gonste*). − Ahd. *bringan* (as. *brengian* und mhd. *bringen*) bildet schw. Praet. (vgl. § 89, A. 3), *brāhta,* mhd. *brāhte* (nur vereinzelt ahd. mhd. das st. Praet. *brang*), Part. Pt. ahd. *brungan* und *brāht,* mhd. *brāht.* − Von *dwingan* (zwingen) das Part. Praet. in alten Quellen noch *gidungan,* gewöhnlich *gidwungan.*

b) *hëlfan, hilfu; half, hulfum; giholfan* helfen; mhd. *hëlfen, hilfe; half, hulfen; geholfen; −* ahd. *wërdan, wirdu; ward, wurtum; (gi)wortan;* mhd. *wërden, wirde; wart, wurden; worden.* − c) ahd. *flëhtan, flihtu; flaht, fluhtum; giflohtan* flechten.

Anm. 2. Ahd. as. *spurnan* (treten) hat *u* als Praesensvokal: ahd. *spurnu; sparn, spurnum; gispurnan.* Nur selten (O) Praes. *spirnan.*

Anm. 3. Die Verba, deren zweifache Konsonanz nicht mit *r, l* beginnt (*flëhtan, fëhtan, brëstan* bersten, *irlëskan* erlöschen, *drëskan* dreschen, *brëttan,* as. *brëgdan* schwingen), treten im Mhd. nach Kl. IV über, also mhd. Pl. Praet. *vlāhten, brāsten* usw. Von *brëstan* kommt auch ahd. neben häufigerem *brustum* schon *brāstum* vor, besonders spätahd. N stets *brāsten.* − Im As. hierher noch *frëgnan* fragen (got. *fraihnan*), Praet. *gifragn* und *gifrang, frugnun;* dazu *gafregin ih* Wess.

§ 81. Klasse IV (339–341). German. *e, a, œ, u.*

Got. *i, a, ē, u: stilan, stila; stal, stēlum; stulans.*

As.: *stëlan, stilu; stal, stālun; gistolan; − brëkan, briku; brak, brākun; gibrokan.*

Ahd.: Die Anzahl der hierher gehörenden Verba ist nicht sehr groß: a) Verba auf einfaches *l, m, n, r*, z. B. ahd. *stëlan, stilu; stal, stālum; gistolan* stehlen; mhd. *stëln, stil; stal, stālen; gestoln*. b) Verba auf *hh, ch* (germ. *k*) und *ff* (germ. *p*), und (außer *stëhhan*, das nach *brëhhan* hier angeschlossen ist) mit zugleich *r* vor dem Vokal: *brëhhan, brihhu; brah, brāhhum; gibrohhan;* mhd. *brëchen, briche; brach, brāchen; gebrochen*.

Anm. 1. Das Part. Praet. von *quëman* kommen *(quimu; quam, quāmum)* ist im Ahd. *quëman,* nur selten *quoman*. In den Praesensformen herrscht seit dem 10. Jh. *ko* statt *quë, ku* statt *qui* also Inf. *komen*, 1. Sg. Praes. *kumu, -o* usw. In älterer Zeit sind diese Formen vereinzelt, nur bei T häufig. As. im Praes. und Part. nur *kuman* (Praet. *quam, quāmun*). - Mhd. *komen, kume; quam, quāmen; komen;* das Praet. seit dem 11. Jh. (bes. obd.) auch *kom, kōmen* und *kam, kāmen*.

Anm. 2. Statt des Praes. *nëman* im As. meist *niman* (§ 4, A. 3), Part. meist *ginuman* (§ 5, A. 1).

§ 82. Klasse V (342–344). German. *e, a, œ, e*.

Got. *i, a, ē, i: giban, giba; gaf, gēbum; gibans*.

As. *gëban* (*giban* § 4, A. 3), *giƀu; gaf, gāƀun; gigëƀan*.

Ahd.: Hierher gehören die Verba auf alle Konsonanten außer *l, m, n, r* und *ch, ff* (s. § 81b): *gëban, gibu; gab, gābum; gigëban;* mhd. *gëben, gibe; gap, gāben; (ge)gëben;* - ahd. *quëdan, quidu; quad, quātum; giquëtan* sprechen; - ahd. *sitzen* (as. *sittian*), *sitzu; saz, sāzum; gisëzzan* sitzen.

Anm. 1. Zu *quëdan* häufig, bes. spätahd., 2. 3. Sg. Ind. Praes. *quis, quit* (alem. *chis, chit* N).

Anm. 2. Zu *sëhan* sehen *(sihu, sah, sāhum)* kommt neben Part. Praet. *gisëhan,* seltener noch *gisëwan* vor (etwas häufiger in N: *geséuuen*); vgl. as. *sāwun, gisëwan* neben *sāhun, gisëhan* (s. § 35, A. 2).

Anm. 3. Von *ëzzan* (Komp. *frëzzan*) gemeingerm. 1.3. Sg. Praet. mit *œ* (got. *frēt*, ae. *œt*, an. *āt*): ahd. *āz (frāz);* daneben analog. ahd., mhd. *az*. As. *āt* oder *at* ?

Anm. 4. Die Verba mit *j*-Praesens (vgl. § 77, A. 1), ahd. *bitten, liggen, sitzen,* mhd. *biten, ligen, sitzen* (as. *biddian, liggian, sittian*) haben im ganzen Praesens *i*. Bei *bitten* und *liggen* ahd. (as. auch bei *sittian*) Wechsel zwischen Geminata und einfachen Kons. wie bei den schw. Verben I (vgl. § 88); daher mhd. (und teilweise schon ahd.: T, N) Durchführung des einfachen Konsonanten.

§ 83. Klasse VI (345–347). German. *a, ō, ō, a*.

Got. *a, ō: faran, fara; fōr, fōrum; farans; – hafjan, hafja; hōf, hōfum; hafans*.

As.: *faran, faru; fōr, fōrun; gifaran; – slahan, slahu; slōg, slōgun; gislagan; – hebbian, hebbiu; hōf, hōbun; gihaƀan*.

Ahd. *faran, faru; fuor, fuorum; gifaran* fahren; mhd. *varn, var; vuor, vuoren; gevarn;* - ahd. *slahan, slahu; sluog, sluogum; gislagan* schlagen; mhd. *slahen, slahe; sluoc, sluogen; geslagen;* - ahd. *heffen, heffu; huob, huobum; gihaban* heben; mhd. *heben, hebe; huop, huoben; gehaben*.

Anm. 1. In dieser Klasse ist der grammatische Wechsel schon ahd. (as.) im Praet. ausgeglichen zugunsten des Kons. des Plur. *(huob)*.

Anm. 2. Wie *heffen* sind *j*-Praesentia (vgl. § 77, A. 1) auch *skephen* (as. *skeppian*) schaffen, schöpfen, Praet. *skuof;* *swerien* (as. *swerian*) schwören, Praet. *swuor,* aber Part. *gisworan;* nur bei O **intseffen,* Praet. *intsuab* merken (as. **afsebbian, afsōf,* mhd. *entseben, entsuop*). Veraltet und durch *lachēn* sw. Verbum verdrängt ist ahd. *hlahhen, *hluog* (nur noch *hlōc* R) lachen, vgl. as. *hlōgun, bihlagan* und got. *hlahjan* (ae. *hliehhan*). Im As. noch **steppian* (ae. *stœppan*), *stōp, stōpun* schreiten (ahd. sw. Verb. *stephen, stafta*). – Diese Verba haben im ganzen Praes. Umlaut. Zu *heffen* 2. 3. Sg. *hevis, hevit* (vgl. § 88), daher schon ahd. auch *heven,* das noch mhd. selten neben *heben* vorkommt.

Anm. 3. Abweichende Praesensbildungen (s. § 77, A. 1) in ahd. *giwahanen* (wie ein schw. Verbum I), Praet. *giwuog,* Part. *giwagan,* erwähnen; mhd. *gewehenen, gewuoc, gewagen; backan* und *bachan, buoh, gibachan* backen; mhd. *backen* und *bachen, buoch, gebachen*.

Anm. 4. Got. *standan,* Praet. *stōþ* (stehen); as. *standan; stōd stōdun; gistandan.* Im Ahd. ist das *n* auch ins Praet. gedrungen: *stantan, stuont, gistantan;* jedoch fränkisch vereinzelt noch *stuot, stuat.* Vgl. § 96.

2. Gotisch noch reduplizierende Verba

§ 84 (348). Im Gotischen gibt es a) reduplizierende Verba ohne Vokalwechsel, z. B. *haitan* heißen, Praet. *haíhait, haíhaitum, haitans; aukan* vermehren, *aíauk, aukans.* b) Ablautend-reduplizierende Verba, z. B. *lētan* lassen, *laílōt, lētans; saian* säen, *saísō, saians.* Im Ahd. und As. ist von dieser Unterscheidung nichts geblieben; die Verba haben sämtlich Vokalwechsel erhalten unter Verlust der Reduplikation.

§ 85 (349–352). Klasse I. Verba mit Stammvokal: a) ahd. *a* (bei nachfolgender Geminata *ll, nn* oder *l, n* + Kons.), b) ahd. *ā* (got. *ē*) und c) ahd. *ei* (got. *ai,* as. *ē*). Diese haben sämtlich im Praet. den Vokal *ē,* der im Ahd. zu *ea, ia, ie* wird (s. § 7); im As. gilt in den Abteilungen b) c) *ē,* das im Hel.-C und Hel.-V zu *ie* geworden ist, in der Abteilung a) ist dagegen das *ē* zu *e* gekürzt, woneben nur selten in Hel.-C. *ie* erscheint.

As.: a) *haldan, haldu; held, heldun; gihaldan; – fallan, fallu; fel(l), fellun; gifallan.* b) *lātan, lātu; lēt, lētun (liet, -un); gilātan.* c) *hētan, hētu; hēt, hētun (hiet, -un); hētan.*

Ahd.: a) *haltan, haltu; hialt, hialtum; gihaltan* halten; mhd. *halten, halte; hielt, hielten; gehalten; –* ahd. *fallan, fallu; fial, fialum; gifallan* fallen; mhd. *vallen, valle; viel, vielen; gevallen.* b) Ahd. *lāzan, lāzu; liaz, liazum; gilāzan* lassen; mhd. *lāzen (lān), lāze (lān); liez (lie), liezen; (ge)lāzen (lān).* c) *heizan, heizu; hiaz, hiazum; giheizan* heißen; mhd. *heizen, heize; hiez, hiezen; geheizen.*

Anm. 1. Grammat. Wechsel *(n)h – ng* haben *fāhan* fangen, *fiang, gifangan* (as. *feng, fengun;* mhd. *vāhen, vān; vienc* und *vie, viengen; gevangen*) und *hāhan* (hängen); beide mit *ā* im Praes. aus *an* vor *χ* (§ 34, A. 2).

Anm. 2. Von *gangan, fāhan, hāhan* sind in Is. Ms. Praet. mit kurzem *e* im Gebrauch: *geng, feng, heng.* – Zu *gangan* mhd. 1. 3. Sg. Praet. *gie* neben *gienc* (vgl. *vie, hie* A. 1).

Anm. 3. Die Verba pura auf *ā*, wie *sāan* säen (got. *saian*, Praet. *saisō*) sind im Ahd. schw. Verba I geworden. – As. zu *sāian* neben *sāida* einmal Praet. *seu* (ae. *sēow*) und zu *grātan* weinen (got. *grētan, gaigrōt*) das Praet. *griot.*

Anm. 4. Ein *j*-Praes. (§ 77, A. 1) ist ahd. *erien, erren* pflügen; Praet. *iar,* Part. Praet. *giaran.*

§ 86 (353. 354). **Klasse II.** Verba mit dunkelm Stammvokal ahd. *au* > *ou* (got. *au*, as. *ō*), *ō* (got. *au*, as. *ō*), *uo* (got. as. *ō*). Diese haben Ahd. und As. im Praet. den Diphthong *eo, io*, spätahd. mhd. *ie*. Beispiele:

As. *hlōpan, hlōpu; hliop, hliopun; gihlōpan;* – *hauwan, heu, gihauwan.*

Ahd. *(h)loufan, loufu; liof* (oberd. *liuf*), *liofum; giloufan* laufen; mhd. *loufen, loufe; lief, liefen; geloufen;* – ahd. *houwan, houwu; hio, hiowum* (obd. *hiu, hiuwum*); *gihouwan* hauen; mhd. *hauwen, houwe; hie* u. *hiu, hiewen* u. *hiuwen; gehouwen;* – ahd. *stōzan, stioz, gistōzan* stoßen; mhd. *stōzen, stiez, gestōzen.*

Anm. 1. *būan (būwan)* bauen ist im Ahd. und As. schw. Verbum I geworden. Doch ist noch Mhd. das st. Part. Praet. *gebūwen* vorhanden und bei O zwei starke Praet. mit innerem *r: biruun* (3. Pl. Ind.), *biruwis* (2. Sg. Konj.). – Ähnliche *r*-Formen vereinzelt in altalem. Glossen: *steroz, -un* und *screrot* zu *stōzan, scrōtan; pleruzzun, -i* zu *blouzan.*

Anm. 2. As. *wōpian, wiop* mit *j*-Praes. (§ 77, A. 1); ahd. daraus zwei Verba: sw. Verbum I *wuofen* (got. *wōpjan* sw. Verbum), *wuofta* und red. Verbum *wuofan, wiof;* mhd. *wüefen, wuofte* und *wuofen, wief.* – Ebenso ahd. *(h)ruofen* (got. *hrōpjan* sw. Verbum), *ruofta* und *ruofan, riof* (as. *hrōpan, hriop*); mhd. *rüefen, ruofte* und *ruofen, rief.*

B. Schwache Verba

§ 87 (355). Bei den schwachen Verben ist zu unterscheiden: 1. der Stamm des Praesens, 2. der Stamm des Praeteritums, 3. der Stamm des Part. Praet., welcher mit dem Stamme des Praet. im wesentlichen übereinstimmt. Der Bildung ihres Praesensstammes nach zerfallen die schw. Verben des Ahd. (As.) in drei Klassen: 1. *-jan* (> *-en*), 2. *-ōn*, 3. *-ēn*. Im As. ist die dritte Klasse jedoch bis auf wenige Trümmer verschwunden (§ 92, A. 2. 3). Im Mhd. sind die drei Klassen des Ahd. im wesentlichen in eine zusammengefallen. (Die vierte Klasse des Got., *-nan*-Verben, ist im Westgerm. nicht vorhanden.) Zum folgenden vgl. § 76 und die Tabelle am Ende des Buches.

1. Erste schwache Konjugation
(Verba auf *-jan* > *-en*)

§ 88 (§ 356–359). Das Praesens dieser Klasse ist mit einem *j*-Suffix gebildet, welches im Got. und As. *(sōkian, tellian, nerian)* noch klar erkennbar ist. Im Ahd. ist das *j*, bis auf wenige Reste in alten Quellen, geschwunden; gehalten hat es sich nach § 31, A. 2 nur in den kurzsilbigen auf *r (nerien*, noch mhd. neben *nern* bisweilen *nerigen, nergen)*. Seine Spuren hinterläßt es: 1. im Umlaut des Praes., wo er möglich ist, z. B. *zellen, welzen* (oberd. *walzen*) wälzen; *wānen*, mhd. *wœnen, fuoren*, mhd. *füeren;* 2. in der (westgerm.) Gemination des vorhergehenden Konsonanten (§ 17, b). Die 2. 3. Sg. Ind. auf *-is, -it* und 2. Sg. Imp. auf *-i*, welche auf älteres westgerm. *-is*, *-id*, *-i zurückgehen und kein *j* hatten, geminieren nicht. Also *zelis, zelit, zeli* zu *zellen; frumit* zu *frummen* (fördern), *legit* zu *leggen*, obd. *leckan* (legen). Von diesen Formen aus drangen spätahd. (auch schon bei T) die einfachen Konsonanten in die übrigen Praesensformen; also spätahd. (N) und mhd. *zel(e)n, frumen, legen* neben seltenerem *zellen, frummen, lecken*. Nur die auf *zz (tz), ck* und *pf* ausgehenden haben ahd. schon im 8. Jh. die Gemination auch in die 2. 3. Sg. Ind. und 2. Sg. Imper. übertragen und sie so für immer festgehalten; z. B. *setzit* (as. *setid*) zu setzen (as. *settian*), *weckit, wecchit* (as. *wekid*) zu *wecken, wecchan* (as. *wekkian*) wecken.

Anm. 1. Nach langen Vokalen findet sich nur im Oberd., besonders der älteren Zeit nicht selten geminierter Konsonant, im allgemeinen ist hier einfacher Konsonant Regel (s. § 17, A. 1, b). Also altobd. *hōrran, wānnan, wissan* u. a. statt *hōren* (hören), *wānen* (wähnen), *wīsen* (weisen).

Anm. 2. Bei den Verben auf germ. *-aw-j-*, westgerm. *awwj*- gehen im Ahd. zwei Formen (mit oder ohne Umlaut) im Praes. nebeneinander her (s. § 30, A. 6): *frewen* und *frauwen, frouwen*, mhd. *vröuwen* (sich freuen); *streuuen* und *strouuen*, mhd. *ströwen* (streuen) u. a.

Anm. 3. Die Verba pura auf *ā* und *uo* (germ. *ō*) wie *sāen* (säen), *bluoen* (blühen) zeigen in alter Sprache seltener, häufiger spätahd. Formen mit *j*: *sājen, bluojen (pluogen);* mhd. regelmäßig *sœjen, blüejen*. Statt des *j* tritt auch oft *h* ein: *sāhen, bluohen*. Ostfränkisch begegnet auch *w* zwischen den Vokalen: *bluowen* und *sāwen* (letzteres oft T); vgl. ae. *sāwan, blōwan* (red. Verba). As. *sāian* (einmal *sēhan* Hel.-M), *blōian*. Vgl. § 85, A. 3. – Die auf *uo* reduzieren im Ahd. vor folgendem Vokal das *uo* meist zu *ū;* also Inf. *blūen*, 3. Sg. Pl. Ind. *blūit, blūent* (s. § 9, A. 1).

§ 89 (360–364). Das Praeteritum der schw. Verba I wird im Got. durchaus auf *-ida* gebildet. Bei den langsilbigen Verben wird das *i* im Ahd. **vor**, im As. **nach** Eintritt des Umlauts synkopiert (§ 15, b), z. B. *fuorta* zu *fuoren* (as. *fōrian, fōrda*), *wānta* zu *wānen* (as. *wānian, wānda*), *leitta* zu *leiten* (as. *lēdian, lēdda*), *kusta* zu *kussen* (as. *kussian, kusta* § 23, A. 3). Neben umgelauteten *stellen, brennen* steht deshalb das Praet. ohne Umlaut *stalta, branta* (daher der schiefe Ausdruck **Rückumlaut**); mhd. auch bei den übrigen umlautfähigen Vokalen, z. B. *fuorte* zu *füeren, wände* zu *wœnen, hōrte* zu *hœren, kuste* zu *küssen*. Auch der Konj. dieser Praet. hat ahd. mhd. keinen Umlaut, z. B. ahd. *branti, stalti*, mhd. *fuorte*. Im As. dagegen ist der Umlaut auch in das Praet. gedrungen: *felda* zu *fellian, kenda* zu *kennian*. Doch haben im As. viele Verba das

Praet. auf -*ida*, besonders solche, die auf zweifache Konsonanz ausgehen, z. B. *lōgnian, lōgnida; gerwian, gerwida,* aber auch andere z. B. *nāhian, nāhida; hīwian, hīwida.* − Die **kurzsilbigen** Verba synkopieren das *i* im Ahd. und As. nicht, so *nerita* zu *nerien* (as. *nerian, nerida*), *frumita* zu *frummen* (as. *frummian, frumida*), *denita* zu *dennen* dehnen (as. *thennian, thenida*), *frewita* zu *frewen, frouwen* (§ 88, A. 2) usw. Jedoch synkopieren auch gewisse Gruppen der kurzsilbigen Verba das *i* in derselben Weise wie die langsilbigen: nämlich a) die Verba auf germ. *t, k, p* (= ahd. Praes. *tz, ck, pf*), z. B. *sezzen, sazta* (as. *settian, setta*); *wecken, wahta* und *wacta* (as. *wekkian, wahta* und *wekida*); *knupfen, kufta* (knüpfen); b) die Verba auf germ. *d* und *l* (ahd. Praes. *tt* und *ll*); doch haben diese häufig Nebenform mit *i*, z. B. *zellen, zalta* und *zelita* (as. *tellian, talda*); *retten, ratta* und *retita; quetten, quatta* begrüßen (as. *queddian, quedda* und *quadda*). c) As. auch *leggian, legda* (*lagda* C) = ahd. *leggen* (obd. *leckan,* spätahd. *legen*), *legita*.

Anm. 1. Nebenformen mit *i* bei den langsilbigen Verben und den ursprünglich kurzsilbigen auf *tz, ck, pf* finden sich obd. nur höchst selten; häufiger dagegen im Fränkischen und besonders regelmäßig in Is. (Ms.), z. B. *setzida, sendida* Is., *sōhhita* Ms., *āhtita* T.

Anm. 2. Beispiele der im Ahd. bei Synkope des *i* eintretenden Veränderung stammauslautender Konsonanten: a) *brennen, branta,* § 17, A. 2. b) *gilouben, giloubta* und *-loupta; ougen* (zeigen), *ougta* und *oucta; kunden, kundta* und *kunta.* c) *āhten* (verfolgen), *āhta; leiten, leitta* und *leita,* § 17, A. 1; d) *gar(a)wen* (bereiten), *garota* § 30. Im As. wird *-da* hinter stimmlosen Konsonanten zu *-ta (dōpta, kusta).*

Anm. 3. Verba, die schon urgerm. das Praet. ohne *i* bildeten, sind a) *denken, dāhta* (got. *þagkjan, þāhta,* as. *thenkian, thāhta*); *dunken, dūhta* (got. *þūhta,* as. *thūhta*); ahd. (got. as.) *brāhta* zu *bringan* (as. Praes. meist *brengian;* § 80, A. 1); vgl. § 34, A. 2; − b) *furhten, furihtan* (fränk. auch *for(a)hten*), Pt. *forhta, forahta* fürchten; *wurken, wurchen* (fränk. *wirken*), Pt. *worhta, worahta* (as. *wirkian, worahta,* got. *waúrhta*) wirken vgl. § 15, c. Auch die Praet. *suohta* (as. *sōhta*) und *ruohta* zu *suochen* (as. *sōkian*) und *ruochen* gehören hierher, desgl. mhd. *brūhte* z. st. Verbum *brūchen* (§ 79, A. 3; vgl. got. *brūkjan, brūhta*). − As. *buggian* kaufen, *bohta,* Part. Pt. *giboht* (got. *bugjan, baúhta*). − Im Mhd. hat bei den Verben unter a) der Konj. Praet. Umlaut: mhd. *dæhte, diuhte, brœhte.*

§ 90 (365). Das Part. Praet. hat in allen Formen *i,* wenn das Praet. *i* hat, also *ginerit,* flekt. *gineritēr* usw. Wo dagegen das Praet. kein *i* hat, gilt im Ahd. (und As.) die Regel, daß die unflektierte Form das *i* hat, die flektierte dagegen nicht. Also ahd. *gisezzit,* fl. *gisaztēr* usw.; *gistelit, gistaltēr; gigar(a)wit, gigarotēr;* as. *gihōrid,* N. Pl. *gihōrda.*

Anm. 1. In der unflektierten Form fehlt das *i* nur sehr vereinzelt; etwas häufiger bei den kurzsilbigen auf *l* wie *gizalt* (as. *gitald*) zu *zellen* (neben *gizelit*), immer bei *brāht* zu *bringan, gidūht* zu *dunken.* Neben *gewor(a)ht* zu *wurken* obd. auch *giwurchit,* neben *gidāht* häufiger *gidenkit.* As. *giboht* zu *buggian* (§ 89, A. 3).

2. Zweite schwache Konjugation

(Verba auf -ōn)

§ 91 (366. 367). Das ō ist hier in allen Formen feststehend. *salbō-* liegt allen drei Hauptstämmen zugrunde. Die Zahl dieser Verba ist sehr groß, z. B. *dionōn* (as. *thionon* und *thionoian*) dienen, *machōn* (as. *makon*), *korōn* prüfen, *rīchisōn* herrschen; *enteōn*, *entōn* (as. *endion*) endigen, *sunteōn*, *suntōn* (as. *sundion*, mhd. *sünden*) sündigen usw.

Anm. 1. Im As. sind die längeren Formen auf *-oia-* nur bei dem kleineren Teile der hierher gehörenden Verba neben *o* vorhanden, z. B. *wakoian (wakogean)* und *wakon* wachen, *scauwoian* und *scauwon;* bei einigen dieser Verba kommt dann auch Ausfall des *o* vor; z. B. *tholian* neben *tholoian*, *wonian* neben *wonon*. – Statt des *o* erscheint as. nicht ganz selten *a* in den verschiedensten Flexionsformen, z. B. Inf. *cōpan*, 3. Sg. Praes. *endiat*, 3. Sg. Praet. *thankade*.

3. Dritte schwache Konjugation

(Verba auf -ēn)

§ 92 (368. 369). Das ē ist (abweichend von entspr. got. *ai*) im Ahd. durchgeführt, also *habē-* der allen Formen zugrunde liegende Stamm. Nur ist das ē weniger fest als das ō der schw. Verba II, indem nicht ganz selten *a (ā?)* dafür eintritt, auch schon im 9. Jh., z. B. *sagata* O. – So gehen z. B. *sagēn*, *lëbēn*, *folgēn*, *dagēn* schweigen, *dolēn* dulden, *darbēn* darben, *klëbēn* festhaften; besonders viele von Adj. abgeleitete Inchoative, z. B. *rīfēn* reif werden, *altēn* alt werden, *trunkanēn* trunken werden.

Anm. 1. Im As. sind diese Verba zu den schw. Verben II übergetreten, z. B. *folgon*, *thagon*, *tholon*, *tharbon*, *klibon;* *ripon* (reif werden). Auch im Ahd. schwanken zahlreiche Verba zwischen den schwachen Klassen II und III; z. B. *tholēn* und *tholōn* bei O.

Anm. 2. Zu den schw. Verben I sind im As. übergetreten die Verba *hebbian*, *habda*, *gihabd* haben, *seggian*, *sagda* sagen, *libbian*, *libda (lëbda)*, *gilibd* leben, *huggian*, *hogda* und *hugda*, *gihugid* denken. Zu *hebbian* und *seggian* noch (ohne Umlaut) 2. 3. Sg. Ind. *habas*, *-es*, *-is*, *habad*, *-ed*, *-it*; *sagis*, *sagad*, *-it;* 2. Sg. Imp. *haba*, *-e;* *saga*, *-i;* zu *libbian* 3. Sg. *lëbod*, *libod*. – Im Ahd. findet sich bei diesen Verben ebenfalls Schwanken nach den schw. Verben I: Praes. *huggen* ist ganz übergetreten; Praet. (neben *hugita*) häufig *hogta*, *hocta* (*hogēta* O); zu *habēn*, *sagēn*, *lëbēn* oberd. öfter Praet. *hebita (hapta* Is. Ms.), *segita (saghida* Is.), *libita* und 2. 3. Sg. Praes. *hebis*, *segis*, *libis*, *-it*.

Anm. 3. Die im Mhd. übliche Form *hān* neben *haben* (nach *gān*, *stān* § 96, vgl. *lān* § 85) tritt erst seit dem 11. Jh. häufig auf (früher nur spurenweise: *hāt* Lb. 33).

Kap. III. Reste besonderer Verbalbildungen
A. Praeteritopraesentia
§ 93 (370–377).
a) Gotisch-*altsächsisch*

Ablautsreihe	1. 3. Sg. Praes.	2. Sg. Praes.	Pl. Praes.	Sg. Praet.
I.	1. wait, *wēt*	waist, *wēst*	witum, *witun*	wissa, *wissa*
	2. áih, –	–	áigum, áihum, *ēgun*	áihta, *ēhta*
	3. lais, –	–	–	–
II.	4. daug, *dōg*	–	–, *dugun*	–
III.	5. –	–	–	–, *onsta*
	6. kann, *can*	kan(n)t, *canst*	kunnum, *cunnun*	kunþa, *consta*
	7. þarf, *tharf*	þarft, *tharft*	þaúrbum, *thurbun*	þaúrfta, *thorfta*
	8. gadars, *gidar*	–	-daúrsum, –	-daúrsta, -*dorsta*
IV.	9. skal, *scal*	skalt, *scalt*	skulum, *sculun*	skulda, *scolda*
	10. man, *farman*	–, -*manst*	munum, –	-munda, -*munsta* -*monsta*
	11. ga-,bi-nah, –	–	–	–
VI.	12. gamōt, *mōt*	–, *mōst*	-mōtum, *mōtun*	-mōsta, *mōsta*
	13. ōg, –	–	ōgum, –	ōhta, –
?	14. mag, *mag*	magt, *maht*	magum, *mugun*	mahta, *mahta, mohta*

b) Althochdeutsch-(mhd.)

I. 1. Praes., 1. 3. Sg. *weiz* ich weiß, 2. Sg. *weist;* 1. Pl. *wizzum, -un (wizzen);* Konj. *wizzi (wizze);* Infin. *wizzan (wizzen);* – Praet. obd. *wissa,* fränk. *wëssa, wësta,* selten *wista (wisse, wësse, wiste, wëste);* Part. Praet. *giwizzan (gewist, gewëst – gewizzen).*

2. Zu got. *áih* 'ich habe' ahd. nur Praes. Pl. *eigum, -ut, -un,* Konj. *eigi* usw. Part. Pt. Adjekt. *eigan (eigen).*

Anm. 1. 3. got. *lais* 'ich weiß' fehlt im Ahd. Dazu Kausativum ahd. *lēren* (got. *laisjan,* as. *lērian*) lehren.

II. 4. Praes. 3. Sg. *toug (touc)* es hilft, taugt; 3. Pl. *tugun (tugen, tügen);* Infin. *(tugen, tügen);* – Praet. *tohta (tohte,* Konj. *töhte).*

III. 5. Praes. 1. 3. Sg. *an, gi-an* ich gönne *(gan),* 2. Sg. *(ganst);* Pl. *unnum (gunnen, günnen);* Konj. *unni (günne);* Infin. *unnan (gunnen, günnen);* Praet. *onda,* O auch *gionsta (gunde);* Part. Praet. *(gegunnen, gegunnet, gegunst).*

6. Praes. 1. 3. Sg. *kan* ich weiß, kann, 2. Sg. *kanst,* Pl. *kunnum (kunnen, künnen),* Konj. *kunni (künne);* Infin. *kunnan (kunnen);* – Praet. *konda,* bair. einzeln *kunda,* O auch *konsta (kunde,* seltener *konde, kunste).*

7. Praes. 1. 3. Sg. *darf* ich bedarf, 2. Sg. *darft;* Pl. *durfum (durfen, dürfen),* Konj. *durfi (dürfe);* Infin. *durfan (durfen, dürfen);* – Praet. *dorfta (dorfte,* Konj. *dörfte).*

§ 93. Verba praeteritopraesentia

Praeteritopraesentia:

Übersicht über die im Ahd. belegten Bildungen. (Für den Pl. Praes. steht jeweils die erste Person, nur bei *toug* die allein belegte dritte.) Über Einzelheiten und die mhd. Belege siehe im Text § 93.

Ablauts-reihe	1. 3. Sg. Praes.	2. Sg. Praes.	Pl. Praes.	Konj. Praes.	Infin.	Part. Praes.	Sg. Praet.	Part. Praet.
I.	1. weiz	weist	wizzum	wizzi	wizzan	wizzanti	wissa, wëssa, wista, wësta	giwizzan; *Adj.*: giwis
	2. –	–	eigum	eigi	–	–	–	*Adj.*: eigan
II.	4. toug	–	tugun	–	–	toganti	tohta	–
III.	5. an	(*mhd.* ganst)	unnum	unni	unnan	–	onda, gi-onsta	–
	6. kan	kanst	kunnum	kunni	kunnan	kunnanti	konda, kunda, konsta	*Adj.*: kund
	7. darf	darft	durfum	durfi	durfan	–	dorfta	*Adj.*: durft
	8. gi-tar	gitarst	giturrum	giturri	–	–	gitorsta	gitorran
IV.	9. scal	scalt	sculum	sculi	scolan	scolanti	scolta	*Adj.*: skuld
	11. gi-nah	–	–	–	–	–	–	–
VI.	12. muoz	muost	muozum	muozi	magan	maganti	muosa	–
?	14. mag	maht	magum	megi	magan	maganti	mahta	–
			mugum	mugi	mugan	muganti	mohta	–

8. Praes. 1. 3. Sg. *gitar* ich wage *(tar)*, 2. Sg. *gitarst (tarst)*; Pl. *giturrum (turren, türren)*, Konj. *giturri (türre)*; Inf. *(turren, türren)*; – Praet. *gitorsta (torste,* Konj. *törste)*.

IV. 9. Praes. 1. 3. Sg. *scal*, 2. Sg. *scalt*, Pl. *sculum*, Konj. *sculi*, Inf. *scolan*; – Praet. *scolta*.

Anm. 2. Seit dem 10./11. Jh. nehmen die Formen ohne c überhand: Sg. Praes. *sol*, *solt*, bes. fränk.-md. auch *sal*, *salt*, Pl. *sulen (suln, süln)*, Inf. *sulen (suln)*, Praet. *solta (solde, solte)*. Die Formen mit c halten sich spätahd. und mhd. fast nur im bair. *scol*, *sculen (schol, schulen)* usw. – Vor dem 10. Jh. begegnen Formen ohne c nur vereinzelt, bes. in T.

Anm. 3. 10. Got. *man* ich habe im Sinn (as. *far-man*) ahd. nicht belegt.

11. *gi-nah* 'es genügt' nur in dieser Form ahd. belegt.

VI. 12. Praes. 1. 3. Sg. *muoz* ich habe Gelegenheit, mag, 2. Sg. *muost*; Pl. *muozum (müezen)*; Konj. *muozi (müeze)*; – Praet. *muosa (muose,* Konj. *müese,* bes. später *muoste, müeste)*.

Anm. 4. 13. Got. *ōg* (ich fürchte) ist in den übrigen germ. Sprachen nicht belegt.

? 14. Praes. 1. 3. Sg. *mag* ich vermag, kann *(mac)*, 2. Sg. *maht*; Pl. *magum* und *mugum (mugen, mügen)*; Konj. *megi* und *mugi (müge)*; Inf. *magan* und *mugan (mugen, mügen)*; – Praet. *mahta* und fränk. *mohta (mahte, mohte,* Konj. *mehte, möhte)*.

Anm. 5. Im Pl. Praes. usw. halten sich die alten Formen mit *a* bis ins Mhd. im bair. Dialekt (Pl. *magen, megen,* Konj. *mege*).

(Siehe die Tabelle auf S. 61)

B. Reste der idg. Verba auf *-mi*

§ 94 (378. 379). Das Verbum substantivum.

		ahd.	mhd.	as.	got.
Praes. Indik.					
Sg.	1.	bim, bin	bin	bium, -n	im
	2.	bist (bis)	bist	bist	is
	3.	ist	ist *(md.* is)	is, ist	ist
Pl.	1.	birum(ēs), -un	birn, sīn	sind	sijum
	2.	birut	birt, sīt	sind	sijuþ
	3.	sint	sint	sind, sindun	sind
Konjunkt.					
Sg.	1.	sī	sī (sīge, sīe)	sī	sijau
	2.	sīs, sīst	sīst *usw.*	sīs	sijais
	3.	sī	sī	sī	sijai
Pl.	1.	sīm, sīn	sīn	sīn	sijaima
	2.	sīt (sīnt)	sīt	sīn	sijaiþ
	3.	sīn	sīn	sīn	sijaina

§ 95. Das Verbum *tuon*

Alle übrigen Formen werden von dem st. Verbum Abl. V ahd. as. *wësan*, got. *wisan*, in regelmäßiger Weise gebildet; also ahd. mhd. Imper. 2. Sg. *wis*, Pl. *wëset* (as. *wis*, *wësad*), Inf. *wësan*, *wësen*, Part. Praes. *wësanti*, *wësende;* Praet. *was*, Pl. *wārum*, *wāren* (as. *wārun*), Part. Praet. fehlt ahd. und as., mhd. *gewësen* (ostmd., ostfränk. *(gewëst)*.

Anm. 1. Statt des Inf. *wësan* tritt ahd. seit dem 9. Jh. häufig *sin* auf, für die 2. Plur. Imper. *wëset* vereinzelt auch *sit*. Statt der 2. Sg. Imper. *wis* kommt erst mhd. öfter *bis* vor; ahd. nur einmal in Rb. – Im Alem. erscheint mhd. das Part. Praet. *gesin*.

Anm. 2. Neben *sint* in Is. Ms. Wk. auch *sindum*, *sintum*.

§ 95. (380. 381). Das Verbum *tuon*. (Im Gotischen nicht belegt.)

a) Praesens. (Die erste Reihe gibt die ältesten ahd. Formen.)

Indik.	T.	O.	mhd.	as.
Sg. 1. tōm	tuon	duan	tuon	dōm, duom, -n
2. tōs	tuos(t), (tūis)	duas(t), duis(t)	tuost	dōs, duos
3. tōt	tuot	duat, duit	tuot	dō(i)d, duod, -t
Pl. 1. tōmēs	tuomēs, tuon	duēn	tuon	⎱ dōd, duod,
2. tōt	tuot	duet	tuot	⎰ duot, duad
3. tōnt	tuont	duent, (duant)	tuont	

Konjunktiv	T.	O.	mhd.	as.
Sg. 1. 3. tō	tuo(e), tūe	due	tuo	dua, due, dōe
2. tōs	tūēs	duēst	tuost	duoas (V)
Pl. 1. tōm	–	duēn	tuon	⎱ duon, duan,
2. tōt	tuot	–	tuot	⎰ dōen, duoian
3. tōn	tuon	–	tuon	

Imperativ				
Sg. 2. tō	tuo	dua	tuo	dō, duo
Pl. 1. tōmēs	tuomēs	duemēs	tuon	
2. tōt	tuot	duet, (duat)	tuot	dōd, duot, duat
Infinit. tōn	tuon	duan	tuon	dōn, duon, duan, dōan
Partiz. tōnti	tuonti	–	tuonde	–

b) Praeteritum.

	ahd.	mhd.	as.
Indik. Sg. 1. 3.	tëta	tëte	dëda
2.	tāti	tæte	dēdos, dādi
Pl. 1.	tātum, -un	tāten (tæten, tëten)	⎱ dēdun, dādun
2.	tātut	tātet *usw.*	
3.	tātun	tāten *usw.*	⎰
Konj. Sg. 1. 3.	tāti	tæte (tëte)	dēdi, dādi
2.	tātīst	tætest	–
	usw.	*usw.*	Pl. dēdin
Part. Praet.	gitān	getān (*mfränk.* gedōn)	gidōn, -dōen, -duan

Anm. 1. Zu bemerken sind im Ahd. Praesensformen nach Analogie der st. Verba wie 2. Sg. Ind. *tōis*, *tuois;* 3. Sg. *tōit*, *tuoit;* Inf. (Gerund.) *tuoanne* u. a.

Anm. 2. Der Konj. Praes. lautet bei N neben regelmäßigem *tûe, tûêst; tûên, tûênt, tûên,* auch *tuoe, tuoêst* usw. und in Nps. auch mit *j; tuoie (tuoge), tuoiest* usw., welche Form im Alem. auch zur mhd. Zeit häufig ist: mhd. *tüeje, tüejest* usw.

Anm. 3. Mhd. im Mfränk. 2. 3. Sg. Praes. Ind. *deist, deit.*

§ 96 (382. 383). Die Verba *gān, gēn* und *stān, stēn.*

Nur Praesensformen. Das Praet. und Part. Praet. liefern die auch im Praes. daneben stehenden Stämme *gangan* (Red. I, § 85) und *stantan* (Abl. VI, § 83, A. 4), von welchen auch stets die 2. Sg. Imper. und meist der ganze Konj. Praes. *gange, stante* genommen wird. Die Formen mit *ā* (*gān, stān*) sind im Alem. herrschend, während *gēn, stēn* im Bair. und Fränk. vorwiegend gebraucht werden. Der Konj. hat keine *ā*-Formen. In der Flexion stimmen die Verba *gān, gēn* und *stān, stēn* völlig überein.

Indik.	Sg.	1. gām, gān;	gēm, gēn	Konj.	Sg.	1. 3. gē
		2. gās(t);	gēs(t)			2. gēs(t)
		3. gāt;	gēt		Pl.	1. gēn
	Pl.	1. gāmēs, gān;	gēmēs, gēn			2. gēt
		2. gāt (gānt);	gēt			3. gēn
		3. gānt;	gēnt	Part.		gānti; gēnti
Imper.	Pl.	1. gāmēs;	gēmēs, gēn	Inf.		gān; gēn
		2. gāt;	gēt	Inf. Dat.		gānne

Anm. 1. Bei O 2. Sg. Ind. *geist, steist;* 3. Sg. meist *geit, steit.* Auch in mhd. Zeit sind diese Formen md. vorhanden.

Anm. 2. Mhd. sind die Formen von *gān* und *stān* im wesentlichen dieselben, nur kommt auch ein Konj. mit *ā* (*gā, stā* usw.) und ein kurzer Imper. *gā, gē, stā, stē,* sowie ein Part. Pt. *gegān, gestān* vor.

Anm. 3. As. herrschen auch im Praes. *gangan* und *standan.* Nur ganz vereinzelt 3. Sg. *gēd,* Inf. *gān;* etwas öfter Inf. *stān,* dazu 2. Sg. *stēs,* 3. Sg. *stēd, stād, steid,* Pl. *stād.*

§ 97 (384. 385). Das Verbum 'wollen'.

Praesens	ahd.	mhd.	as.	got.
Ind. Sg. 1.	willu; wili, wile	wil	williu, welliu, willi	wiljau
2.	wili, wile; wilis	wil, wilt	wili (wilis, wilt)	wileis
3.	wili, wile; wilit	wil	wili (wilit, wil)	wili
Pl. 1.	wellemēs, wellēn	wellen, weln	} welliad	wileima
2.	wellet	wellet, welt	} williad, -ead	wileiþ
3.	wellent	wellent, welnt		wileina
Konjunkt.	welle *usw.*	welle *usw.*	wellie, willie	*fehlt*
Infin.	wellen	wellen	wellean, willian	wiljan
Partiz.	wellenti	wellende	welleandi *usw.*	wiljands
Praet.	wolta (wëlta)	wolde, wolte	welda, wolda	wilda

Anm. 1. Im Fränkischen (O, T) tritt statt des *e* im Praes. *o* ein, also Inf. *wollen,* Konj. *wolle,* Ind. Pl. *wollemēs, wollēn* usw. Auch zur mhd. Zeit herrschen die *o*-Formen auf md. Gebiete.

§ 97. *wellen*.

Anm. 2. Die 2. 3. Sg. Ind. *wili* > spätahd. *wile*. 2. Sg. mit nachstehendem *thu* in T u. O *wil thu;* T zweimal *wilis*. 3. Sg. *wilt* (wie *scalt* § 93) zuerst Will. Mhd. gilt bes. mfränk. *willen* als regelmäßig flektiertes Praes. eines schw. Verbums I, z. B. 3. Sg. *willet*, 2. Pl. *willet*, Konj. *wille* usw.

Anm. 3. Der Ind. Praes. des Verbums 'wollen' ist ein alter athematischer Optativ. Das Verbum ist auf dem Wege, sich dem System der ahd. Verbalflexion anzugleichen.